क्या-क्या देखा इस अयोध्या ने...

पं. विजयशंकर मेहता

मंजुल पब्लिशिंग हाउस

MANJUL

मंजुल पब्लिशिंग हाउस

कॉरपोरेट एवं संपादकीय कार्यालय

• द्वितीय तल, उषा प्रीत कॉम्प्लेक्स, 42 मालवीय नगर, भोपाल-462 003

विक्रय एवं विपणन कार्यालय

• सी-16, सेक्टर 3, नोएडा, उत्तर प्रदेश, 201301

वेबसाइट : www.manjulindia.com

वितरण केन्द्र

अहमदाबाद, बेंगलुरू, भोपाल, कोलकाता, चेन्नई,
हैदराबाद, मुम्बई, नई दिल्ली, पुणे

क्या-क्या देखा इस अयोध्या ने...

यह हिन्दी संस्करण 2024 में पहली बार प्रकाशित

ISBN 978-93-5543-753-2

पं. विजयशंकर मेहता इस पुस्तक के
लेखक होने की नैतिक ज़िम्मेदारी वहन करते हैं

मुद्रण व जिल्दसाज़ी : रेप्रो इंडिया लिमिटेड

पं. विजयशंकर मेहता

- धर्म व अध्यात्म के प्रति नई सोच, पैनी दृष्टि और बेजोड़ वाकशैली के धनी पं. विजयशंकर मेहता देश-दुनिया में जीवन प्रबंधन गुरु के रूप में जाने जाते हैं। कथा-प्रवचनों की सतत यात्रा में **गोल्डन बुक आर्फ वर्ल्ड रिकॉर्ड** तक का सफर कर चुके हैं।
- एक रंगकर्मी, बैंककर्मी और देश के अग्रणी हिंदी समाचार-पत्र दैनिक भास्कर में लेखक-संपादक के रूप में प्रमुख भूमिका निभाने के बाद वर्ष 2008 में अध्यात्म यात्रा आरंभ की। जीवन से जुड़े पांच प्रमुख उद्देश्यों को लेकर 'जीवन प्रबंधन समूह' की स्थापना करते हुए कथा-प्रवचनों का सिलसिला शुरू किया।
- सतत परिश्रम के पर्याय, अपने अनुचरों के लिए प्रेरणास्वरूप पं. मेहता व्याख्यान-प्रवचन के क्षेत्र में कई अनूठे कीर्तिमान गढ़ चुके हैं।
- वर्ष 2009 में पाकिस्तान के आठ नगरों में नौ दिन में 13 व्याख्यान देकर लोप्रियता स्थापित की।
- 2012 में देश के विभिन्न क्षेत्रों में 106 दिनों में 108 व्याख्यान दिए। इसी प्रकार 2018 में 365 दिनों में देश-दुनिया में 256 व्याख्यान दे चुके हैं।
- 2020 में कोरोना महामारी के दौरान लॉक-डाउन अवधि में (24 मार्च से 31 मई) 69 दिनों में 73 ऑनलाइन व्याख्यान देकर अध्यात्म के क्षेत्र में अनूठा कीर्तिमान स्थापित करते हुए **गोल्डन बुक ऑफ वर्ल्ड रिकॉर्ड** में दर्ज हुए। अपने आपमें अनूठी इस व्यायान श्रृंखला को दुनियाभर में सराहना मिली।

- अब तक (मार्च 2024 तक) भारत सहित दुनिया के 24 अन्य देशों में 131 विषयों पर लगभग 6000 से अधिक व्याख्यान दे चुके हैं।
- लेखक-स्तंभकार के रूप में देश के सर्वाधिक पढ़े जाने वाले हिंदी समाचार-पत्र दैनिक भास्कर तथा उसके सह-संस्करण दिव्य भास्कर, दिव्य मराठी आदि में नियमित प्रकाशित कॉलम 'जीने की राह' में खूब पढ़े व पसंद किए जाते हैं।
- आप ही की प्रेरणा से वर्षभर में देश के विभिन्न शहरों में श्री हनुमान चालीसा महापाठ के अनूठे आयोजन किए जाते हैं। विभिन्न टीवी चैनलों के माध्यम से देश-दुनिया के करोड़ों हनुमान भक्त इनसे जुड़ते हैं।
- आपकी प्रेरणा से मप्र के उज्जैन नगर में पावन शिप्रा नदी के किनारे विश्व के पहले अनूठे ध्यान केंद्र 'शान्तम्' का निर्माण किया गया। यहां श्री हनुमान चालीसा से मेडिटेशन के विशेष कोर्स के साथ गो-ध्यान करवाया जाता है।
- अपने गृहस्थ दायित्वों का निर्वहन करते हुए कथा-प्रवचनों के माध्यम से दुनियाभर में हनुमानजी और हनुमान चालीसा के माध्यम से निरंतर परिवार बचाओ तथा शांति का संदेश देते आ रहे पं. विजयशंकर मेहता मप्र के उज्जैन के निवासी हैं।

Email ID : humarehanuman@gmail.com
Facebook ID: PtVijayshankarMehta
You Tube ID : PtVijayshankarMehta
Instagram : @ptvijayshankarmehta
Mobile No. : 7806065910 , 9929044424

पता : शान्तम् हनुमान चालीसा से ध्यान का केन्द्र, ग्राम शक्कर वासा, इंदौर रोड, उज्जैन (म.प्र) 456010.

पूज्य गुरुदेव स्वामी अवधेशानंद गिरिजी को समर्पित

देवलोकवासी पूज्य पिताजी
स्व. डॉ. वल्लभदासजी मेहता को अर्पित

माता सुमित्रादेवी की प्रेरणा से
अर्धांगिनी आभा के साथ नमन करते हुए

अनुक्रम

क्या-क्या देखा इस अयोध्या ने...

भूमिका

इस दौर में मनुष्य के संकल्प की जब भी चर्चा होगी, अयोध्या का प्रकरण सबको याद आएगा। अयोध्या में रामलला की प्राण-प्रतिष्ठा केवल एक धार्मिक गतिविधि नहीं है। मनुष्यों द्वारा जो-जो भी संकल्प इतिहास में लिए गए और वे जिस तरीके से पूरे हुए, उसमें यह प्रसंग सदैव प्रमुखता से याद किया जाएगा। इसे पूरा करने में कई लोगों ने अपनी भूमिका निभाई, लेकिन सबसे बड़ी भूमिका तो उस धरती की है, जिसे अयोध्या कहते हैं।

इस धरती की जो विशेषताएं हैं, वे तो श्रीराम ने अपने समय अपने मुख से खूब बखान कीं, पर अब तो सारा संसार जान चुका है। इस पुस्तक में तीन व्यक्तियों द्वारा अयोध्या का गुणगान किया गया है और इन तीनों ने ही अयोध्या को जिया है, देखा है, समझा है।

श्रीराम के वनगमन के पहले अयोध्या में जो प्रमुख घटनाएं घटीं, उन्हें पुस्तक में हम लक्ष्मणजी के मुंह से पढ़-सुन रहे हैं। फिर, जब श्रीराम का वनवास आरंभ हुआ और लंका में रावण वध तक अयोध्या में क्या-क्या हुआ, इसका चिंतन राम के मस्तिष्क में सदैव रहा और उसे पुस्तक में वे स्वयं बता रहे हैं।

फिर रावण वध के बाद जब राम अयोध्या लौटे, उनका राजतिलक हुआ और उन्होंने देवलोक गमन किया, तब तक की कथा सीताजी के मुंह से सुनेंगे।

इन तीनों पात्रों के माध्यम से हम जान सकेंगे कि अयोध्या है क्या और उसने क्या क्या देखा? शायद पुस्तक के समापन तक पहुंचते-पहुंचते यह समझ जाएं कि अयोध्या हमारी देह है। हम अपने शरीर के भीतर रामलला की प्राण-प्रतिष्ठा मतलब सद्कर्मों का संकल्प लें।

मनुष्य का देह बड़े सौभाग्य से मिलता है। यदि इसे अयोध्या से जोड़ लें तो शायद हमारे मनुष्य होने की सार्थकता साबित हो जाएगी। यह पुस्तक इसी भाव को अर्पित है।

अयोध्या
(वनवास से पहले)

लक्ष्मण बता रहे...

मैं लक्ष्मण हूं। मुझे सौमित्र, रामानुज, लखन और भी अन्य कई नामों से पुकारा गया। आज मेरे ऊपर दायित्व है अयोध्या की कहानी सुनाने का। आपबीती अयोध्या की।

मेरा अयोध्या से क्या संबंध। जो मेरे अग्रज श्रीराम को प्रिय, वही मेरी भी पसंद है। भैया ने भरपूर प्रेम किया है अवध को। मेरे मन में प्रश्न उठता है- क्या मुझसे भी अधिक? फिर स्वयं ही हंसकर टाल जाता हूं।

क्या है अयोध्या? भूमि का एक टुकड़ा मात्र या जीवित पिंड की तरह एक नगरी। मेरे लिए और मुझ जैसे अनेकों के लिए अयोध्या जीवंत जीव है। अब मैं आगे इसे नगरी ही कहूंगा। यह मेरा अपना नामकरण है- 'नगरी'।

अयोध्या नगरी है और सरयू नदी है। दोनों एक-दूसरे की पूरक। बहुत-से संतों ने तो इस नगरी के साथ-साथ यहां के नागरिकों को भी प्रणाम किया है। भैया श्रीराम ने तो यहां के वासियों को असीम प्रेम किया है। जिन्होंने सीता माता की निंदा की, भैया ने उन्हें भी इस लोक में बसाया।

तो चलिए, पहले सरयू को समझ लें, फिर नगरी में प्रवेश करेंगे।

हम भाइयों का तो रोम-रोम सरयू से भीगा है। स्नान के सारे रूप सरयू मैया ने हमें सिखाए। छलांग लगाना, तैरना, छींटे उड़ाना। हम राजकुमारों का ये अल्हड़पन देखने प्रजा भी आती थी।

हम दोनों भाई गुरु विश्वामित्रजी के साथ पहली बार वनगमन के लिए निकले थे। मैंने सदैव देखा कि भैया राम गुरुजी से कोई भी प्रश्न केवल उत्सुकतावश नहीं पूछते थे, उसके पीछे उनकी गहरी जिज्ञासा और करुण चिंतन भी होता था।

गुरुदेव, कुछ सरयूजी के बारे में बताइए। भैया राम का प्रश्न था। सुनकर विश्वामित्रजी के ज्ञानसागर के पट खुले।

इस नदी का संबंध ब्रह्मा के मन से है। ब्रह्माजी ने एक मानस सर रचा और उसी से यह निकली। इस धरती पर सरयू केवल अयोध्या के लिए आई है। इसके तो दर्शन मात्र से कोटि पुण्य प्राप्त होते हैं। राम, तुमने सरयू के लिए पूछा है तो अयोध्या की भी बातें सुन लो।

गुरुदेव ने जिस प्रकार धाराप्रवाह समझाया, हम दोनों भाई भी अपनी अयोध्या में डूब गए। नगरी पीछे छूट रही थी, हम वन की ओर बढ़ रहे थे।

मेरे हृदय में सदैव यह बात बसी रहती है कि अयोध्या पृथ्वी को स्पर्श नहीं करती। यह विष्णुजी के चक्र पर बसती है। हम भाइयों को तो यह नगरी वैकुंठ से भी अधिक प्रिय है।

मुझे यह बताते हुए बहुत हर्ष होता है कि भैया राम जब भी 'राजा' शब्द को याद करते, तो कहते थे अयोध्या मस्तक है। मस्तक को अंगों का राजा माना जाता है। पावन को भी पावन करने वाली जो सप्तपुरियां हैं, ये विष्णु के अंग हैं।

1. अयोध्या-मस्तक
2. मथुरा-ग्रीवा
3. हरिद्वार-हृदय
4. काशी-नासा
5. कांची-मध्य
6. अवन्तिका-पैर
7. द्वारिका-नाभि।

एक बात और सुन लीजिए। चढ़ाई करके जिसको जीता न जा सके, वह है अयोध्या। हमारी नगरी। इसका अवध नाम भी बड़ा प्यारा है। यानी जिसको कोई नष्ट न कर सके।

चलिए, अब क्रम से चलते हैं अवध में, और समझते हैं क्या-क्या देखा इस अयोध्या ने।

मैं लक्ष्मण, आपको बताता हूं सबसे पहले राजा दशरथ के बारे में।

1. राजा दशरथ

अयोध्या का नाम आते ही सबसे पहले राजा दशरथजी का स्मरण आता है। मेरे इस पिंड के पिता तो चक्रवर्ती राजा दशरथ ही हैं, लेकिन मैं लक्ष्मण इसी से कृत–कृत्य हूं कि मैं श्रीराम की कीर्तिरूपी विमल पताका में दंड बन पाया। मेरे तो सबकुछ राम हैं।

गुरु पितु मातु न जानउँ कोउ...

अवधपुरी में रघुकुल शिरोमणि दशरथ नाम के राजा हुए, जिनका नाम वेदों में आदर पूर्वक वर्णित है। धर्मधुरंधर, गुणों के भंडार और महाज्ञानी। उनके हृदय में भी श्रीराम के प्रति भक्ति थी। बल्कि यूं कहें कि उनकी बुद्धि भी राम में लगी रहती थी।

कोसल जनपद महान था। इसी में अयोध्या थी, जो इंद्र की अमरावती से भी सुंदर। इक्ष्वाकु वंश के राजाओं की परंपरा का श्रेष्ठ पड़ाव थे, राजा दशरथ।

अयोध्या को तीन नामों से जाना जाता है। स्वनाम धन्य होने के कारण एक नाम इसका 'सत्यपुरी' है। हर प्रकार की भौतिक संपत्ति से संपन्न होने के कारण इसे 'श्रीमती' भी कहा गया। इस तरह सत्यपुरी, श्रीमती और अयोध्या; ये तीन नाम हुए इस एक नगरी के।

मुझ लक्ष्मण को यह कहते हुए बड़ा गौरव है कि इस नगरी का समस्त जन, मन, तन, धन सात्विक है। अब सोने में सुगंध हो गई, जब दशरथ के रूप में सत्यनिष्ठ राजा का नेतृत्व मिला।

ध्यान रहे, इस समय मैं अपने पिता की चर्चा नहीं, लोकपालक-आदर्श शासक दशरथजी का गुणगान कर रहा हूं। वे वेद विज्ञान के मर्मज्ञ विद्वान थे। अपने कर्मयोग से उन्होंने सकल संपत्ति की संपन्नता प्राप्त की थी। राजा जैसे थे, प्रजा भी वैसी ही। सारी प्रजा अपने सुख से सुखी और दूसरों के दुख से दुखी थी। मूर्ख, धूर्त, असुंदर, दरिद्र जैसे भावों का यहां पूरी तरह अभाव था।

राजा दशरथ के पास आठ विशेष मंत्री थे- घृष्टि, जयंत, विजय, सुराष्ट्र, राष्ट्रवर्धन, अकोप, धर्मपाल और सुमंत्र। हम राजकुमारों ने सुमंत्र से बहुत कुछ सीखा।

मैंने राजा दशरथ की राजशैली में एक विशेषता और देखी कि उनकी राजसत्ता पर धर्मसत्ता का पर्याप्त प्रभाव था। ऋषि वशिष्ठ, वामदेव, सुयज्ञ, जाबालि, काश्यप, गौतम, मार्कण्डेय, कात्यायन का परामर्श राजा सदैव लेते रहते थे। शास्त्रीय विचारधारा से राजकीय निर्णय लिए जाते थे। राजकाज में संलग्न हर सेवक सुहृदय और व्यवहार कुशल था।

पूरे जगत में अयोध्या की धरा पर हो रहे इस सुशासन की चर्चा थी। इस नगरी ने अपने राजा दशरथ का नाम तीनों लोक में यात होते देखा।

दशरथजी पूर्ण रूप से सत्य को समर्पित थे। मैंने भैया राम में सत्य की झलक पिता से ही आते देखी थी। अपनी

रानियों के साथ दशरथ पुण्य और कल्याण की मूर्ति के रूप में न केवल प्रशंसनीय थे, बल्कि पूजे जाते थे। रामजी के प्रति इनका प्रेम बहुत सच्चा और शाश्वत था। जगविदित है कि राम बिछोह में इन्होंने अपने प्यारे शरीर को तिनके की तरह त्याग दिया था।

यदि किसी के व्यक्तित्व, किसी के जीवन का सही विश्लेषण करना हो तो हिंदू धर्म की दृष्टि से उसके पूर्वजन्म का चिंतन भी करना चाहिए। पूर्वजन्म के संस्कार मनुष्य का अंतरमन और बाहरी व्यक्तित्व दोनों बनाते हैं। दशरथ ही महाराजा मनु थे। मनुष्य जाति के आदिपुरुष मनु।

मनु ने धर्म का आधार लेकर अपनी अर्धांगिनी शतरूपा के साथ तपस्या की थी। वरदानस्वरूप मांगा था प्रभु को पुत्र रूप में। आगे चलकर मनु-शतरूपा ही बने दशरथ-कौशल्या। इसलिए अपनी साधना से अपने वैराग्य को चरम शीर्ष पर पहुंचाने वाले मनु के संस्कार दशरथ में उतरना ही थे।

अवधेश यानी राजा दशरथ अनगिनत आकर्षक गुणों से युक्त थे। रज-रज और कण-कण में उनके सौभाग्य की सराहना हो रही थी। तो जैसी अयोध्या और जैसे उसके राजा मैंने देखे, आपको बता दिया।

इस व्यक्तित्व से हमें सबसे बड़ी सीख मिलती है सत्यप्रेम की। जिनका जीवन सत्य पर आधारित होता है, परमात्मा उनके यहां पुत्र बनकर आने को तैयार हैं। इसलिए सत्य को स्वीकार करें और जीवन की हर गतिविधि में उसके प्रयोग करते रहें।

2. रामजन्म की तैयारी

अब मैं लक्ष्मण, आपको ले चलता हूं हमारे जन्म की घटना में।

जन्म तो श्रीराम का था। हम सब तो आसपास लीला निर्धारण के तत्त्व बनकर आए थे। भैया राम का जन्म क्यों अनूठा बन जाता है, इसके लिए पीछे से घटनाक्रम में प्रवेश करते हैं।

एक बार राजा दशरथ के मन में बड़ी ग्लानि हुई कि मेरी कोई संतान नहीं है। गुरु वशिष्ठ के घर पहुंचे, प्रणाम किया और बैठ गए। दोनों मौन थे। गुरु समझ गए उलझन सामान्य नहीं है।

गुरु तो कृपा के सागर और नर रूप में हरि ही होते हैं। यह बात भैया राम मुझे अलग-अलग अवसरों पर भिन्न-भिन्न ढंग से समझाते रहे थे।

इस सत्संग का आरंभ दशरथ करने वाले थे। वे सत्संग का महत्व जानते थे। सत्संग के बिना विवेक नहीं होता। बिना रामकृपा के सत्संग सहज में मिलता भी नहीं है। सत्संगति आनंद और कल्याण की जड़ है। सत्संग फल है, बाकी साधन तो फूल हैं।

ब्रह्मा, विष्णु, शिव, कवि और पंडितों की वाणी भी संत महिमा का वर्णन करने में सकुचाती है। ऐसे ही संत वशिष्ठ दशरथ के सामने बैठे थे।

पहले मैं आपको वशिष्ठजी के बारे में बताता चलूं। हमारे कुलगुरु। दो विशेषताएं हैं इनमें, जो सामान्यतः अन्य ऋषि-मुनियों में कम देखने को मिलती है।

पहली विशेषता जो कि सभी स्वीकार करते हैं, वह यह कि वे न सिर्फ एक तपस्वी थे, बल्कि सिद्धि-संपन्न पुरुष थे। दूसरी विशेषता उनकी है विनम्रता। कोई भी गुरु अपने शिष्यों को साधना के बारे में सिखाते समय निर्देश और आदेश देते हैं, लेकिन इन्होंने एक आचरण यह भी बताया कि शिष्य यदि योग्य हो तो गुरु को भी उससे कुछ ग्रहण करना चाहिए।

मैंने अनेक बार भैया राम से गुरु वशिष्ठ को सीखते हुए देखा। हमारे रामजी तो हैं ही ऐसे। सर्वगुण संपन्न। कौन इनसे सीखना नहीं चाहेगा। लेकिन, यहां रिश्ता गुरु और शिष्य का था। यह गुरु की विनम्रता है कि वे शिष्य से भी सीख रहे हैं।

वशिष्ठजी थे तो राजगुरु, पर मैंने उनके भीतर कभी कोई प्रलोभन नहीं देखा। राजसत्ता का कोई प्रभाव उन पर नहीं था, और न ही वे सत्ता के प्रभाव से भयभीत होते थे। मैं तो कहूंगा हमारे गुरु का अंतरमन सांसारिक आकाक्षाओं से पूरी तरह शून्य था।

पिता दशरथजी हम चारों को बैठाकर कभी-कभी बताते थे कि गुरु वशिष्ठ हमारे राजपुरोहित कैसे बने। वे बिलकुल तैयार नहीं थे, पर ब्रह्माजी से उनको ज्ञात हुआ कि हमारे वंश में ईश्वर का अवतार भी हो सकता है। जब पिताजी ईश्वर की बात करते थे तो हम चारों भाई एक-दूसरे को देखते भी थे।

उस दिन इस एकांत में पिताजी और गुरुजी की चर्चा होती है। पिताजी कहते हैं- गुरुदेव, जीवन का समापन कभी भी हो सकता है। जो भी आएगा, वह जाएगा भी। वृद्धावस्था को स्पर्श कर रहा हूं और मेरी कोई संतान नहीं है। मेरी यही इच्छा और अनुरोध है कि मेरे आंगन में पुत्र विचरण हो।

दशरथजी की बात सुनकर गुरु वशिष्ठ कहते हैं, हमें इसके लिए यज्ञ करना चाहिए। हमारी संतानें माता-पिता के तप का परिणाम होना चाहिए। यज्ञ की बात सुन दशरथजी चौंक-से गए। कौना-सा यज्ञ? उस समय दशरथजी के बहुत निकट के मंत्री (बिलकुल भाई जैसे) सुमंत्र ने अपनी राय दी- ऋष्यश्रंग ऋषि से दो यज्ञ करवाए जा सकते हैं। गुरुदेव भी सहमत थे।

तो पहला हुआ अश्वमेध यज्ञ। दशरथजी जानते थे कि यदि मैं अश्वमेध यज्ञ करता हूं तो इससे लोकहित होगा और मेरा निजहित अपने आप हो जाएगा। यही दशरथ की श्रेष्ठता थी। ऋष्यश्रंग को बुलाया जाता है। वे पत्नी शांता के साथ आते हैं और अश्वमेध यज्ञ आरंभ होता है।

लक्ष्मण कहते हैं, बहुत कम लोग जानते हैं कि हमारे परिवार में पुत्रकामेष्टि यज्ञ के पूर्व अश्वमेध यज्ञ हुआ था। इस यज्ञ में गुरु वशिष्ठ की भूमिका प्रमुख थी। ऋष्यश्रंग पूरे सम्मान के साथ आगे बैठते थे। फिर उसके बाद हुआ पुत्रकामेष्टि यज्ञ।

मैंने पिताजी के मुंह से ही सुना था कि उसी समय रावण के अत्याचार से त्रस्त देवता विष्णुजी के पास पहुंचे और विष्णु ने उन्हें आश्वस्त किया कि मैं जन्म लूंगा, रावण का नाश करूंगा। और यज्ञ संपन्न होने की घड़ी आ गई।

इस बीच हमें यह भी चर्चा कर लेना चाहिए कि जीवन में जब दुख आए, तो अपने दुख का रोना संसार के सामने कभी मत रोना। संसार की वृत्ति होती है, दुख सुनता भी है और मन ही मन कहता है, अच्छा हुआ इसके साथ। इसलिए अपना दुख यदि बताना हो तो गुरु को बताना। गुरु सुनते हैं और उसका समाधान भी जुटाते हैं, जैसा कि वशिष्ठजी ने पिताजी के साथ किया।

चलिए, अब लौटते हैं- पुत्रकामेष्टि यज्ञ के प्रसाद की ओर।

कितना विचित्र लगता है, अपने ही जन्म की कथा सुनाना। लेकिन मैं (लक्ष्मण) जो आपको सुना रहा हूं, वह मैंने अपने ही परिवार के वरिष्ठजनों से सुना है। फिर भी ध्यान रखें कि हम सुन रहे हैं- रामजन्म की कथा। भरत भैया, शत्रुघ और मैं (लक्ष्मण) तो उसमें बस लीला करने उतरे हैं।

वशिष्ठजी ने आरंभ में ही राजा दशरथ को यह कह दिया था कि धीरज धरो, तुम्हारे चार पुत्र होंगे, जो तीनों लोकों में प्रसिद्ध और भक्तों के भय को हरने वाले होंगे।

ऋष्यश्रृंग को शृंगी ऋषि भी कहते हैं। यज्ञ पूरा हुआ और यज्ञपुरुष यज्ञकुंड से प्रकट हुए। उनके हाथ में पायस का प्रसाद था। यानी अविष्यान खीर। यह देखकर राजा दशरथ पुलकित थे। अग्निदेव ने कहा तुम्हारे गुरु वशिष्ठ ने हृदय में जो कुछ भी विचारा था, हे राजन, तुम्हारे वे सब काम सिद्ध हो गए। अब जाओ, इस खीर को जिसको जैसा उचित हो, वैसा भाग बनाकर अपनी रानियों में बांट दो।

अग्निदेव सारी सभा को संबोधित करके अंतरधान हो गए। राजा दशरथ परमानंद में मग्न हो गए। उनके हृदय में

हर्ष समा नहीं पा रहा था। फिर अपनी पत्नियों को बुलाया। कौशल्या, कैकयी, सुमित्रा तीनों वहां पहुंच गईं। राजा ने उस पायस का आधा भाग रानी कौशल्या को दे दिया और शेष आधे के दो भाग कर उनमें से एक कैकयी को दे दिया।

शेष बचे भाग के फिर दो हिस्से कर कौशल्या और कैकयी के हाथ में रख, उनकी अनुमति लेकर, उनका मन प्रसन्न करके छोटी रानी सुमित्रा को दे दिए। यानी मेरी (लक्ष्मण की) मां सुमित्रा को दो भाग मिल गए।

3. भए प्रकट कृपाला

अब आप सबको यह समझने की आवश्यकता नहीं है कि वे मेरे यानी लक्ष्मण और शत्रुघ्न के भाग थे। एक बात मैं सबसे कहना चाहूंगा कि रामकथा का सारा रहस्य इस पायस वितरण में छिपा हुआ था।

अब आई वह घड़ी, जिसे अयोध्या की धरती ने देखा। श्रेष्ठतम समय। नगरी धन्य थी उस दृश्य को निहारकर। सभी रानियां गर्भवती हो चुकी थीं। जिस दिन से श्रीहरि गर्भ में आए, सब लोक में सुख और संपत्ति छा गई।

शोभाशील और तेज की खान बनी हुईं सब रानियां जीवन बिताने लगीं और वह अवसर आ गया, जिसमें प्रभु को प्रकट होना था।

जेहिं प्रभु प्रगट सो अवसर भयऊ... १/१८९/४

योग, लग्न, ग्रह, वार, तिथि सभी अनुकूल हो गए। जड़ और चेतन सब हर्ष से भर गए, क्योंकि श्रीराम का जन्म सुख का मूल है। ये सारी बातें मैंने जिन-जिनके मुंह से सुनीं, मेरे हृदय पर ऐसे अंकति हो गईं, जैसे सारा दृश्य स्वयं देखा हो। मैं नेत्र बनकर जब भी निहारता हूं, वह दृश्य मेरे सामने आने लगता है।

नौमी तिथि मधु मास पुनीता।
सुकल पच्छ अभिजत हरिप्रीता।। १/१९०/१

पवित्र चैत्र का महीना, शुक्लपक्ष की नौवमीं तिथि और भगवान का प्रिय अभिजित मुहूर्त। न बहुत अधिक सर्दी थी, न बहुत धूप यानी गर्मी। वह पवित्र समय सब प्रकार से सब लोगों को शांति देने वाला था। हमारे भैया राम तो शांति का पर्याय हैं। किसी भी भक्त के लिए शांत रहना सबसे बड़ी उपलब्धि है। वही तो देने आ रहे हैं राम।

सीतल मंद सुरभि बह बाऊ।
हरषित सुर संतन मन चाऊ।। १/१९०/२

शीतल, मंद, सुगंधित पवन बह रही थी। देवता हर्षित थे, संतों के मन में बड़ा चाव था। नदियां अमृत की धारा बहा रही थीं, आकाश देवताओं के समूह से भर गया था और तीनों पर दया करने वाले कौशल्याजी के हितकारी कृपालु प्रभु राम प्रकट हो गए।

तब मां कौशल्या ने वह प्रसिद्ध वचन कहा- हे तात, यह रूप छोड़कर अत्यंत प्रिय बाल लीला करो मेरे लिए। यह वचन सुन देवताओं के स्वामी भगवान ने बालक रूप होकर रोना शुरू कर दिया। प्रभु ने अपना वचन पूरा किया, जैसा वे हमेशा कहते हैं कि मैं ब्राह्मण, गौ, देवता और संतों के लिए मनुष्य रूप में अवतार लेता हूं। इंद्रियों से परे मेरा यह मनुष्य शरीर अपनी ही इच्छा से बनता है।

बच्चे की रोने की बहुत प्यारी ध्वनि सुनकर सब दौड़ पड़े। राजा दशरथ पुत्र जन्म की बात सुनकर मानो ब्रह्मानंद

में समा गए। सब आनंदमग्न हो गए और तभी सूचना आई कि कैकयी और सुमित्रा ने भी सुंदर पुत्रों को जन्म दिया है। उस सुख, संपत्ति, समय और समाज का वर्णन सरस्वती और सर्पों के राजा शेष भी नहीं कर सकते।

नगरी इस प्रकार सुशोभित हो रही है मानो रात्रि प्रभु से मिलने आई हो और सूर्य को देखकर मन में सकुचा गई। अयोध्या धन्य हो गई।

मैं (लक्ष्मण) जो कुछ भी कह रहा हूं, ऐसा लग रहा है, मेरे भीतर से अयोध्या बोल रही है। आज मैं अभिभूत हूं परमपिता को पुत्र के रूप में अपनी धरती पर पाकर।

महीना भर बीत गया। इस रहस्य को कोई नहीं जानता। सूर्य अपने रथ सहित वहीं रुक गए। सब भगवान का गुणगान कर रहे थे और अपने भाग्य की सराहना।

समय तो बीत ही रहा था। एक दिन पिता दशरथजी ने गुरुदेव को स्मरण कर कहा- अब नामकरण संस्कार किया जाए। आपने इन राजकुमारों के लिए जो भी नाम अपने मन में सोच रखे हों, कृपया प्रचारित कर दीजिए।

वशिष्ठजी कहते हैं कि इनके अनेक अनुपम नाम हैं, फिर भी अपनी बुद्धि के अनुसार मैं व्यक्त करता हूं। ये जो आनंद के सागर और सुख की राशि हैं, जिसके एक कण से तीनों लोक सुखी होते हैं, ऐसे सबसे बड़े पुत्र का नाम मैं **राम** रखता हूं, जो सुख का भवन और सभी लोगों को शांति देने वाला है।

दूसरे पुत्र का नाम होगा भरत। यानी जो संसार का भरण-पोषण करते हैं। जिनके स्मरण मात्र से शत्रु का नाश होता है, उनका वेदों में प्रसिद्ध शत्रुघ नाम होगा। फिर, उसके

बाद गुरुदेव ने मुझे नाम दिया लक्ष्मण। इसके पीछे उनका मानना था, जो शुभ लक्षणों के धाम, राम के प्यारे और सारे जगत के आधार हैं।

मेरे नाम के साथ गुरुदेव ने भैया राम का नाम भी याद किया। मेरे लिए तो मानो वसीयत ही लिख दी हो। फिर, आशीर्वाद देते हुए गुरुदेव ने पिताजी से कहा- राजन, तुम्हारे चारों पुत्र वेद के तत्त्व हैं। मुनियों के धन, भक्तों के सर्वस्व और शिवजी के प्राण हैं।

मैंने तो बचपन से ही राम भैया को अपना परम हितैषी-स्वामी जानकर उनके चरणों में प्रीति जोड़ ली। भरत और शत्रुघ दोनों भाइयों में स्वामी और सेवक की प्रीति बन गई।

श्याम और गौ-शरीर वाली दोनों सुंदर जोड़ियों की शोभा देखकर पूरी नगरी तृप्त हो जाती थी। भैया राम को तो नख से शिख तक जो भी देखता, समोहित हो जाता था। जो भी थोड़े-बहुत गंभीर लोग हैं, जैसे ऋषि-मुनि, भैया राम की नाभि की गंभीरता को तो देखकर डूब जाते थे।

इस प्रकार हमारी बाल लीलाएं चलती रहीं। गुरुजी ने चूड़ाकर्म संस्कार कर दिया। जैसे-जैसे बड़े हुए, यज्ञोपवित संस्कार भी हुआ, और फिर परिवार में हमारी शिक्षा-दीक्षा का विचार हुआ।

यह तो तय है कि विद्या का कोई विकल्प नहीं होता। हम कैसे पढ़ने गए, क्या विद्यार्जन किया, आगे इसे भी सुनेंगे।

यहां एक बात का उल्लेख मैं विशेष रूप से करना चाहूंगा कि श्रीराम का जन्म केवल एक सामान्य घटना नहीं

है या भौतिक दृश्य भी नहीं है। मनुष्य के भीतर की मनुष्यता को पुनर्जाग्रत करने के लिए वे अयोध्या की धरती पर उतरे।

उन्हीं के साथ बहुत सारे अंश भी आए। जैसे इंद्र बालि बन गए, सूर्य सुग्रीव हुए, मारुत हनुमानजी बने। ऐसे ही नल, सुषैण ये जितने लोग थे, सब इस धरती पर अलग-अलग स्वरूप में उतरे और श्रीराम को सहयोग देने की तैयारी करने लगे।

हम चारों को देखकर पूरी अयोध्या में इस बात की चर्चा होती थी कि हमारे महाराज के ये चारों पुत्र ज्ञान, शील और पराक्रम के आदर्श बनेंगे। मैं सुनता भी था और सोचता भी था, क्योंकि मेरा तो चिंतन शुरू भी राम भैया से होता था और उसका समापन भी उन्हीं पर होता था।

मुझे एक घटना याद आती है, जो इस बात का प्रमाण है कि हमारे भैया राम किसी सागर की तरह गहरे हैं, गंभीर हैं और पहाड़ की तरह दृढ़ हैं। जब वे हमारे साथ गेंद का खेल खेलते थे तो हम तीनों भाई उन्हें हरा देते थे। एक बार हम तीनों प्रसन्न होकर पिता महाराज दशरथ के पास गए और बोले कि हमने आज भी बड़े भैया राम को हरा दिया। लेकिन, आज पिताजी ने कहा ऐसा कैसे हो सकता है। फिर भैया से बोले- राम, मैं हर रोज सुनता हूं कि तुम्हारे छोटे भाई तुम्हें गेंद के खेल में पराजित कर देते हैं। कल हम स्वयं देखने आएंगे इस खेल को।

अगले दिन फिर खेल शुरू हुआ। पिताजी देख रहे थे। हम फिर जीत गए। तीनों फिर प्रसन्न हुए। हमारे भैया राम तो बिलकुल तटस्थ रहते हैं। मंद-मंद मुस्कान उनके चेहरे पर थी, लेकिन पिताजी कुछ गंभीर हो गए। फिर उन्होंने एकांत में भैया से चर्चा की। कहा- राम, यह एक चक्रवर्ती राजा

की दृष्टि है। मैंने बहुत अच्छे से देखा है कि तुम्हारे छोटे भाई इस खेल में जीतते नहीं हैं, तुम उन्हें जीतने देते हो।

तुम स्वयं पराजय क्यों स्वीकार करते हो? तुम्हें युवराज बनना है। आगे जाकर चक्रवर्ती राजा होना है और राजपुरुष किसी भी स्थिति में पराजय स्वीकार नहीं कर सकता। विजय अपनों पर हो या परायों पर, विजय केवल विजय होती है। तुम अपने भाइयों से क्यों हार जाते हो, और वह भी जान-बूझकर?

तब भैया ने हाथ जोड़कर कहा था- पिताजी, मैं बड़ा हूं और मेरे हाथ यदि छोटे भाई हार जाएं, तो फिर मेरे बड़े होने का क्या अर्थ? सुनकर पिताजी चुप हो गए। कुछ नहीं बोल पाए।

मैं आज तक इस संवाद को सोचता हूं, और भैया ने आजीवन इसको निभाया। हम सब तो सामान्य हो गए, लेकिन पिताजी असहज दिखे। सीधे गुरु वशिष्ठजी के पास गए और कहा- राम के ये लक्षण वैरागी होने के हैं। एक राजपुरुष इस आयु में यदि त्याग, वैराग की बात सोचे तो फिर राजसत्ता का भविष्य खतरे में पड़ सकता है। आप राम को नैतिकता का पाठ पढ़ाएं, पर साथ में यह भी सिखाएं कि एक राजपुरुष के क्या कर्तव्य हैं। तब गुरुजी ने भैया को समझाया। इसे ही संसार ने योग वशिष्ठ के नाम से जाना।

4. विद्याध्ययन

हम सब गुरुकुल पहुंचकर उनसे शिक्षा ले रहे थे। शास्त्रविद्या में दक्ष होने जा रहे थे, लेकिन गुरुजी चाहते थे राम भौतिक तैयारियों में राजसी व्यवस्थाओं में भी रुचि लें, दक्ष हों। संसार इसी को योग वशिष्ठ के नाम से जानता है।

गुरुजी ने भैया से कहा था, जीवन संतुलन का नाम है। इसमें कुछ प्राप्त भी करना पड़ता है, कुछ त्यागना भी पड़ता है। भोग और वैराग का एक ऐसा संयम तुम जैसे राजपुरुष में होना चाहिए, जो आदर्श बने।

गुरुकुल में हमारा समय बीत रहा था। भैया राम को वहां पूर्ण समर्पण के साथ विद्याअर्जन करता हुआ देख मैं सोचता था चारों वेद जिनके स्वाभाविक श्वास हैं, वे भगवान भी कितनी सहजता से उनका अध्ययन कर रहे हैं। और, अब आया विदाई का समय।

हम लोग अपनी गुरु कुल की शिक्षा के अंतिम चरण में थे और एक दिन गुरुदेव ने कहा विद्यार्थियों, ब्रह्मचारियों के जाने का समय आ गया है तो इस समय हम कुछ चर्चा करेंगे। हम सब बैठे थे और गुरुजी बोले कि आप सबमें अपनी-अपनी योग्यता है, पर मैं अब अयोध्या को रामरूपी युवराज सौंप रहा हूं। सब लोग श्रीरामजी को देख रहे हैं। रामजी कभी गुरुजी को देखते, कभी नेत्र बंद कर लेते।

अब गुरु वशिष्ठ बताते हैं कि एक बार महर्षि वाल्मीकि ने नारदजी से पूछा कि मुझे ऐसा व्यक्ति चाहिए, जो गुणवान और पराक्रमी भी हो, धर्मज्ञ हो, सत्य का पालन करता हो, जो कह दे-उसे पूरा करे। जिसका चरित्र उज्जवल हो, उसमें दया और करुणा हो। जब भी कोई काम करे, उसकी जानकारी सही हो, जिसे अपनी आत्मा की पहचान हो। इंद्रियों पर नियंत्रण हो, क्रोध जिसका दास हो, किसी के प्रति ईर्ष्याभाव न रखता हो और अपने ही तेज से चमकता हो।

अंत में उन्होंने कहा- ऐसा पुरुष चाहिए, जिसे देखकर देवता भी कांप उठे। यह मेरे सपनों का मानव है। मैं ऐसे व्यक्ति को ढूंढ रहा हूं।

तब नारदजी ने कहा- महर्षि, इतने गुण किसी एक व्यक्ति में होना तो संभव नहीं है, लेकिन हां, मैं एक ऐसे व्यक्ति को जानता हूं और उसका नाम राम है। इक्ष्वाकु वंश में जन्म हुआ है और जो-जो भी विशेषताएं आपने बताई हैं, वे सब राम नाम के उस पात्र में हैं।

तब गुरुदेव ने भैया को देखा और बोले- राम, मैं तुम्हें अयोध्या को सौंप रहा हूं और अन्य विद्यार्थियों को संबोधित करते हुए बोले- ये जो राम हैं ना, इनका शारीरिक सौंदर्य बहुत आकर्षक है। जो भी देखता है, इन्हें देखते रहने की इच्छा और प्रबल हो जाती है। इनके सारे अंग अनुपात में हैं। सत्य और धर्म से इनका जीवन भरा हुआ है। सदैव दूसरों की भलाई के लिए सोचते हैं, सबके प्रति दया व करुणा का भाव रखते हैं और सबसे बड़ी बात यह कि ये मन-वचन और कर्म में एक हैं।

इनके जीवन का लक्ष्य है धर्म की रक्षा करना। इनको सब अच्छे लगते हैं और सबको ये अच्छे लगते हैं। दिल के बहुत सच्चे हैं। बहुत सारे लोग बार-बार इनके पास आना, इनसे मिलना चाहते हैं। समुद्र की तरह गंभीर, हिमालय की तरह अचल, अपना सर्वस्व दूसरों को सौंपने में कुबेर जैसे। ऐसे राम अब अयोध्या की संपत्ति होंगे। मेरे गुरुकुल में ये अपना गौरव छोड़कर जा रहे हैं।

हम सब रामरस में सराबोर हो चुके थे। गुरुदेव का आशीर्वाद भैया राम पर ही नहीं, हम सब पर भी बरसा था। अब हम अयोध्या लौट आए थे। अवध के सारे लोग, जितने ऋषि-मुनि यहां आया करते थे वे सब श्रीराम का गुणगान करते थे। सचमुच भैया हैं ही ऐसे। माता-पिता की आज्ञा का पालन करना, मन लगाकर वेद-पुराण सुनना और जब वेद के प्रसंगों को समझ लेते तो हम छोटे भाइयों को बहुत गहराई से समझाते भी थे।

प्रातःकाल ब्रह्म मुहूर्त में उठते, सूर्यपूजा करते, माता-पिता को प्रणाम करते और फिर पिताजी की आज्ञा से प्रजा के कई महत्त्वपूर्ण काम पूरे भी करते। जो व्यापक अकल, इच्छारहित, अजन्मा और निर्गुण है, जिनका न नाम है, न रूप, वे ही भगवान नाना प्रकार के अलौकिक चरित्र कर रहे हैं।

अब आप लोग स्वयं तय करें कि क्या मैंने सुना, क्या मैं बता रहा हूं और क्या आप समझेंगे कि राम कौन थे, क्या लीला कर रहे थे अवध में। एक बात और मैंने सुनी जो आपको बताना चाहूंगा कि ऋषि-मुनि हम चारों भाइयों को वेद का प्रतीक मानते थे।

ऋग्वेद ज्ञान का प्रतीक है, श्रीराम ज्ञान की खान हैं। इसीलिए वे ऋग्वेद का मूर्त रूप हैं। मुझ लक्ष्मण को लोग सामवेद यानी भक्ति का प्रतीक कहते थे। भरत भैया कर्मयोगी हैं तो उनको यजुर्वेद से जोड़ा और भाई शत्रुघ्न अथर्व मार्ग से मुक्ति की एकांत साधना में तल्लीन रहते थे, तो अथर्ववेद का प्रतीक माने गए। लोग हमारी चर्चा इसी प्रकार किया करते थे।

धीरे-धीरे हमारी दिनचर्या आगे बढ़ती रही। अब भैया राम की तो लीला है। सभी लोग उनकी विनम्रता, विद्ववत्ता और विशिष्ट पराक्रम की चर्चा करते थे। भैया राम की लोकप्रियता चरम पर थी। वे यदि कोई चिंतन करते, कोई काम करते तो उसमें लोकमंगल की भावना, लोकहित की साधना ही दिखती थी। हम दोनों की जोड़ी चर्चित हो रही थी। मैंने भैया के मुंह से ही सुना था कि लक्ष्मण, जब तुम निकट नहीं होते हो जो मुझे नींद भी नहीं आती। तुम मेरे प्राण हो। और, मैं गदगद हो जाया करता था।

इसी तरह भरत भैया और शत्रुघ्न भी साथ में रहते थे। पूरी अयोध्या गुणवान, रूपवान और बलवान राजकुमारों को पाकर बहुत प्रसन्न थी। अयोध्या के परिवारों का आनंद सुख-संतोष की सीमा पार कर चुका था। सब अभिभूत थे।

यहां रामजी की पूरी लीला देखकर एक शिक्षा हम सबको मिलती है कि भगवान कैसे हम भक्तों के लिए नाना प्रकार की लीला करते हैं। कितने ही बड़े हो जाएं, अपनों के बीच सामान्य रहें। राम इतने निरहंकारी थे कि हर रामभक्त को एक संकल्प तो लेना ही चाहिए अपने परिवार में, अपने क्षेत्र में निरहंकारी ही रहेंगे।

सबकुछ राजकीय व्यवस्था के अनुसार चल रहा था और अब हमारे जीवन में मुनि विश्वामित्रजी का प्रवेश होगा। पहले थोड़ा विश्वामित्रजी को जान लेते हैं।

5. विश्वामित्रजी

क्रमिक उत्थान का एक महान इतिहास हैं, विश्वामित्रजी। उनका जन्म क्षत्रिय कुल में हुआ था, चरित्र में एक राजा के गुण विद्यमान थे। बहुत संक्षेप में बताता हूं कि एक बार महर्षि वशिष्ठ के दर्शन के लिए उनके आश्रम में गए और ऋषि का वैभव देख आश्चर्यचकित हो गए। महर्षि से उनकी कामधेनु मांगी, वशिष्ठजी ने मना कर दिया। इन्होंने भी ठान लिया कि मैं भी तपस्या और साधना कर अपने आपको महर्षि साबित करूंगा। इस कहानी को लगभग सभी लोग जानते हैं।

विश्वामित्रजी का मतभेद वशिष्ठजी से बना रहा। वे अपने आश्रम में तप, योग, यज्ञ ये सब करते रहे, परंतु राक्षस लोग उनकी तपस्या को भंग और यज्ञ आदि को नष्ट कर देते। विश्वामित्रजी की जगह कोई अन्य मुनि होता तो शायद अपनी साधना-पद्धति बदल लेता, राक्षसों के अत्याचार के आगे चुपचाप बैठ जाता, लेकिन वे तो प्रकृति से ही किसी विशेष धातु के बने थे। वे विश्व मंगल चाहते थे।

यह सही है कि महर्षि वशिष्ठ से उनके मतभेद थे, पर उन्होंने विचार किया कि आज वशिष्ठ के ही शिष्य को मांगने जाऊंगा। उन्हें भरोसा था कि बीच में राम हैं तो मतभेद शायद हमारे आड़े न आए। वे ऐसे महापुरुष थे, जिन्होंने संग्रह और त्याग दोनों ही प्रकार के जीवन को बहुत अच्छे-से जीया था।

मुनि विश्वामित्रजी के सामने समस्या यह थी कि मारीच और सुबाहु नाम के राक्षस उनके यज्ञ को देखते ही दौड़ पड़ते, उपद्रव मचाते और मुनि इससे बहुत दुखी थे।

गाधीपुत्र विश्वामित्र के मन में चिंता छा गई। उनका मानना था कि ये पापी राक्षस भगवान के बिना किसी से नहीं मारे जाएंगे। तो मन में विचार किया कि प्रभु ने धरती का भार हरने के लिए अवतार ले लिया है, तो इसी बहाने अयोध्या जाऊं, उनके दर्शन करूं और महाराज दशरथ से विनय कर दोनों भाइयों को ले आऊं। जो ज्ञान, वैराग्य और सब गुणों के धाम हैं, उन प्रभु को नेत्रभर देख भी लूंगा। ऐसा मनोरथ धर विश्वामित्रजी अयोध्या को चल दिए और सरयूजी के जल में स्नान करने के बाद महाराजा दशरथ की राजसभा के द्वार पर पहुंच गए।

जैसे वाल्मीकिजी ने अपने स्वप्न मानव का चिंतन किया था, वैसे ही विश्वामित्रजी के भी मन-मस्तिष्क में राम भैया की छवि बनी हुई थी।

जैसे ही राजा दशरथ ने मुनि का आना सुना, कुलगुरु वशिष्ठ सहित ब्राह्मणों के समाज को साथ लेकर मिलने गए। राजभवन के द्वार पर दंडवत प्रणाम के साथ उनका स्वागत-सम्मान किया और लाकर अपने आसन पर बैठाया।

दशरथ हर्षित होकर कहते हैं- मुनि, इस प्रकार कृपा तो आपने पहले कभी नहीं की। आज आपके शुभ आगमन का कारण क्या है? आपके चरणों से मेरा भवन पुण्य तीर्थ बन गया, मेरा जन्म सफल हो गया। मैं अपने जीवन को बड़ा सार्थक मान रहा हूं। आप जो आज्ञा देंगे, शिरोधार्य है और उसे अविलंब पूर्ण भी करुंगा।

अब जो संवाद होने वाला है, उससे अयोध्या के भाग्य में कुछ नए दृश्य उपस्थित होंगे।

विश्वामित्रजी कहते हैं- अवधेश मैं आपकी सात्विक विनम्रता पर बहुत प्रसन्न हूं। मैंने देखा कि महर्षि विश्वामित्र एक बड़ी भूमिका बना रहे हैं। राजा दशरथ शायद मुनि की बात को समझ नहीं पाए।

फिर कहते हैं- राजन- राक्षसों के समूह मुझे बहुत सताते हैं। मेरा तप, साधना, यज्ञ सब दुष्कर हो गया है, इसलिए मैं आपसे कुछ मांगने आया हूं। दशरथजी ने स्वभावश कहा- आज्ञा दीजिए, मैं आपकी क्या सेवा कर सकता हूं?

विश्वामित्र कहते हैं- मारीच और सुबाहु जैसे राक्षसों को नष्ट कर यज्ञ की रक्षा करने के लिए मुझे आपके राम चाहिए। राम कोई साधारण राजकुमार नहीं, वे एक महान आत्मा हैं। यदि आपको उनकी असाधारण महत्ता पर कोई संदेह हो तो अपने कुलगुरु से पूछ लीजिए, उनसे परामर्श ले लीजिए, लेकिन मेरी याचना पर विचार करते हुए प्रसन्न मन से लक्ष्मण सहित इन्हें मुझे दे दीजिए।

इसमें किसी प्रकार मोह और अज्ञान मत रखिए। यदि अपने दोनों राजकुमार (राम और लक्ष्मण) को मुझे देते हैं, तो आपको धर्म और सुयश की प्राप्ति तो होगी, संतानों का कल्याण भी होगा।

विश्वामित्रजी की धर्म और अर्थभरी वाणी सुनकर पिता दशरथ कुछ समय के लिए धर्म-संकट में पड़ गए। भैया राम के वियोग की कल्पना से ही पिताश्री को मूर्छा आ गई।

किसी प्रकार अपनी मूर्छा को नियंत्रित कर राजा बड़ी विनम्रता से कहते हैं- महाराज, मैंने बड़े पुण्य से चार पुत्र पाए हैं। आपने राम को मांगने की बात बिना विचार किए कह दी है।

मैं लक्ष्मण भी उस सभा में था। मुनि तथा पिता के इस संवाद को सुन रहा था। एक तरफ सत्य का पालन, दूसरी ओर पुत्र-प्रेम!

पिताजी घोर मानसिक संताप के शिकार हो चुके थे। हाथ जेड़कर मुनि से कह रहे थे आप धन-दौलत, गौ और मेरा सारा खजाना मांग लीजिए, मैं हर्ष के साथ भेंट कर दूंगा। मनुष्य को अपनी देह और प्राण से प्यारा कुछ नहीं होता। मैं ये भी एक पल में दे दूंगा। सभी पुत्र मुझे प्राणों से अधिक प्यारे हैं, उनमें भी राम को दे देने की तो मैं सोच भी नहीं सकता। कहां वन में क्रूर राक्षस और कहां मेरे सुकुमार।

विश्वामित्रजी कहते हैं- राजन, महान बनने के लिए ममता का त्याग करना पड़ता है। सबका बनने के लिए अपनापन कुछ सीमा तक अर्पित करना पड़ता है। आपकी इस अस्वीकृति से मेरा मुनि मन आहत है। मैं बड़े दुखी भाव से यहां से प्रस्थान करता हूं। देख-सुनकर पूरी सभा कांप गई।

तब गुरु वशिष्ठ खड़े हुए। पिता दशरथजी को समझाते हुए कहा- राजन्, महर्षि विश्वामित्र राम को केवल अपने काम के लिए नहीं मांग रहे हैं। इसमें राम की भी भलाई है। विश्वामित्र स्वयं पूर्णसमर्थ हैं। चाहें तो ये स्वयं भी राक्षसों संहार कर सकते हैं।

संसार में कौन-सा ऐसा अस्त्र है, जो इनके अधीन नहीं है। ये हर प्रकार से शस्त्र और उससे जुड़ी विद्या जानते

हैं। यहां तक कि नूतन अस्त्र-शस्त्रों का अविष्कार भी कर सकते हैं। इसलिए मेरी सलाह है नि:संकोच सहर्ष भाव से राम-लक्ष्मण को इन्हें सौंप दीजिए।

गुरु वशिष्ठ की यह बात पिताजी ने सुनी और समझी। उन्होंने उनकी एक बात पर ध्यान देकर विचार किया कि इसमें मेरी संतान की भलाई है। पिताजी ने बहुत प्रकार से आशीर्वाद हम दोनों भाइयों को दिए और ऋषि को सौंप दिया।

भैया राम के साथ मैं भी माता के महल में गया, उनके चरणों में सिर नवाया और गुरु वशिष्ठजी का आशीर्वाद लेते हुए धनुष-बाण के साथ दोनों भाई महर्षि विश्वामित्रजी के साथ चल दिए। आगे-आगे दंड-कमंडल लेकर विश्वामित्रजी, पीछे धनुष-बाण लेकर हम दोनों।

अयोध्या नगरी से बाहर खुले आकाश में इस तरह एक अभियान के साथ निकलने का यह हमारा पहला अवसर था। मैंने देखा था कि भैया ने अवध की धरती को हाथों से स्पर्श किया और उसकी रज अपने मस्तक पर लगाई। स्वभावत: मुझे भी वही करना था, सो मैंने भी किया।

भैया राम के लाल नेत्र, चौड़ी छाती, विशाल भुजाएं, श्याम शरीर, कमर में पीतांबर पहने सुंदर तरकस कसे हुए, हाथों में सुदर धनुष-बाण और चल दिए जीवन की एक विशेष यात्रा पर।

विश्वामित्रजी विचार कर रहे थे कि उन्हें जीवन में परमनिधि प्राप्त हो गई।

मुझे अच्छी तरह याद है कि देवतागण इस अलौकिक दृश्य को देखकर पुष्पवर्षा कर रहे थे। भैया राम को अपना

शिष्य बनाकर विश्वामित्रजी एक अलग ही आनंद का अनुभव कर रहे थे।

हम लोग सरयूतट पर पहुंचे। गुरुजी ने भैया को आदेश दिया- सरयू जल का आचमन करो। उसके बाद बला व अतिबला नाम की दो विद्याओं का उपदेश दिया। भैया ने दोनों को बड़ी प्रसन्नता और तन्मयता से ग्रहण भी कर लिया।

गुरुदेव ने बताया कि इन विद्याओं का जब मनन करते हैं, तो पहली बात तो यह होती है कि भूख-प्यास पर विजय मिल जाती है। दूसरा शरीर को थकावट महसूस नहीं होती। तीसरा कोई बीमारी नहीं घेरती। चौथी निखार में कभी कमी नहीं आती। सबसे बड़ी बात यह कि इन विद्याओं से संपन्न व्यक्ति की बात का कोई खंडन नहीं कर सकता तथा उसके पराक्रम को कभी पराजय का सामना नहीं करना पड़ता। राम, इनके अध्ययन, मनन और ध्यान से तुम्हारे सौभाग्य की वृद्धि होगी, यश का विस्तार होगा, बुद्धि का विकास होगा तथा भीतर दया व करुणा का भाव बढ़ेगा।

मैंने देखा था, सचमुच भैया राम का मुख सूर्य की तरह चमक उठा था।

हम लोगों ने पहली रात सरयू तट पर बिताई। घास की शैया पर शयन किया, बहुत अच्छे-से नींद भी आई। प्रातः हुई और फिर हमारी दिनचर्या गुरु विश्वामित्रजी के साथ जुड़ गई।

हम अनंग आश्रम में प्रवेश करते हैं। सरयू और गंगा के संगम पर बसा यह पावन तपोवन कामाश्रम कहलाता था। हम गुरुजी से कई कहानियां सुनते। अपनी मनोहर वाणी

से जब भी वे कुछ बोलते, हर बात नई लगती थी। हमारी दिनचर्या बहुत सक्रिय रहती थी। सुबह से शाम और शाम से रात तक कुछ न कुछ काम रहता था।

हम दोनों के हृदय में बसी हुई अयोध्या नगरी इस सक्रिय दिनचर्या को देख रही थी।

फिर, एक दिन हमें मार्ग में गुरुजी ने ताड़का दिखाई और बोले- राम इसे स्त्री के रूप में देखकर दया करने की कोई आवश्यकता नहीं है। धर्मघातिनी स्त्रियों का वध अधर्म नहीं हो सकता। तब गुरु की आज्ञा मानकर भैया राम किसी भी प्रकार भ्रमित नहीं हुए। रघुवंशी के अवतार का पहला तीर तरकश से निकलकर एक दुष्टा को जाकर लगा। ताड़का मारी गई। लोग चर्चा कर रहे थे कि ताड़का जैसी राक्षसी को राजकुमार राम ने एक ही बाण से मार दिया!

अगले दिन सुबह मैंने देखा कि गुरुजी ने भैया राम को अपने पास बुलाया और मुस्कुराते हुए बोले- मैं तुम्हें कुछ और अस्त्र देना चाहता हूं। गुरुजी मंत्रोच्चार करते रहे और अस्त्र अलग-अलग रूपों में भैया के सामने प्रकट होते रहे। राम उन्हें स्वीकार करते रहे।

गुरुजी के साथ आए हमें छह दिन बीत चुके थे। हम पूरी तरह सावधान, सजग व सतर्क थे। तभी राक्षस मारीच व सुबाहु गुरुदेव के यज्ञकुंड में रक्त बरसाने लगे। बिना फन का बाण मारकर भगवान राम ने मारीच को सौ योजन दूर समुद्र में गिरा दिया और सुबाहु को मुक्ति दे दी।

मैंने हिसाब लगाया कि विश्वामित्रजी केवल दस दिन के लिए हमें लाए थे। पिताजी से ऐसी ही बात हुई थी। दो दिन तो हमें सिद्धाश्रम पहुंचने में लगे। छह दिन वहां रहकर

जो काम हमें करना था, वह किया। दो दिन शेष बचे थे। अब गुरुजी क्या करेंगे, चलिए, जानते हैं।

अब हमारी अगली यात्रा आरंभ हो रही है। गुरुदेव विश्वामित्रजी कभी सीधे भैया राम से बात करते और कभी मुझे भी संबोधित करते हुए कहते थे- लक्ष्मण, हम मुनियों का सहज लक्षण होता है, मौन धारण करना। अब मैं कुछ समय मौन रहूंगा। मैं सोचा करता था, मुनियों का मौन भी कितना मधुर होता है। वैसे भी मौन प्रज्ञान की भाषा है, और यदि सुनने वाला योग्य हो, समर्पित हो, तो फिर यही मौन प्रेम और ममता की भाषा बन जाता है।

मैंने देखा था कि जब हम विश्वामित्रजी के साथ अयोध्या से चले थे, तो शुरू के दो दिन उन्होंने हमें बहुत कहानियां सुनाईं। फिर, जब हम सिद्धाश्रम में आ गए तो वे अगले छह दिन तक गंभीर मौन में उतर गए। आज जब हमने उनसे पूछा कि हम कहां प्रस्थान कर रहे हैं? तो मुस्कुराते हुए मुनि बोले थे, अब हम चलेंगे जनकपुर। हमें सूचना मिली है कि वहां के राजा जनक ने एक यज्ञ का अनुष्ठान रखा है। बस, हम चल पड़े मिथिला की ओर।

एक बार मेरे मन में विचार आया कि पिताजी से यज्ञरक्षा के बाद हम राजकुमारों को वापस अयोध्या ले जाने की चर्चा हुई थी, लेकिन दिशा बदल गई। हम अयोध्या न जाकर जनकपुर की ओर चल रहे थे।

गुरु से कैसे और कौन पूछे। उनका निर्णय तो सर्वहितकारी और सर्वोपरि है। फिर मैंने देखा कि भैया राम भी यह जानने की कोई उत्सुकता नहीं दिखा रहे कि हम मिथिला क्यों जा रहे हैं।

भैया को निर्लिप्त और कर्मनिष्ठ देखकर मैं भी चुप रहा। जितने समर्पित भैया थे, मैं भी उतने ही समर्पण का भाव रखना चाहता था।

मार्ग में रुकते हुए, अन्य स्थानों पर पहुंचते हुए हमारा दसवां दिन आ गया। शायद इस दिन तो हमें वापस अयोध्या पहुंचना था। गंगाजी तक पहुंच गए। गंगा अवतरण की कथा सुनी और ग्यारहवें दिन हम निकट थे- जनकपुर के। मार्ग में एक निर्जन, परंतु मनोरम आश्रम दिखाई दिया। मैंने ही प्रश्न पूछा- गुरुदेव, यह आश्रम इतना सुंदर, परंतु सुनसान क्यों है?

पत्थर की एक शिला को देखकर भैया राम ने भी प्रश्न किया। मुनि ने विस्तारपूर्वक बताया- गौतम ऋषि की पत्नी अहिल्या शापवश पत्थर की देह धारण किए बड़े धैर्य से यहां स्थापित हैं और आपके चरण कमल का स्पर्श चाहती है। ऐसा ही हुआ। राम का स्पर्श पाते ही वह तपोमूर्ति अहिल्या के रूप में प्रकट हो गई। कहने लगी- बहुत ही अच्छा हुआ कि ऋषि ने मुझे शाप दिया। आपके दर्शन हो गए।

अहिल्या धन्य होकर अपने स्थान को प्रस्थान कर गई और मुझे एक बात समझ में आ गई कि हमारे श्रीराम ऐसे दीनबंधु हैं, जो बिना कारण ही दया करते हैं।

देखा जाए तो रामकथा में कई घटनाएं हैं, पर जो अहिल्या उद्धार की घटना है, यह सबसे रोचक और उत्तेजक लगती है मुझको। निश्चित ही इस घटना पर भविष्य में रामकथा के लेखक अपने-अपने ढंग से प्रस्तुति करेंगे।

वाल्मीकि के साहित्य में अहिल्या को शीला नहीं बताया। वह अदृश्य, निराकार और भस्मशायनी रहेगी, उसे

ऐसा शाप मिला था। राम के स्पर्श से अहिल्या जब प्रकट हुई तो श्रीराम उनके पैर छूते हैं। लेकिन, कुछ भी कहें, क्रोध कैसे परिणाम दिखाता है, जीवन में कैसे-कैसे दृश्य उपस्थित कर देता है, यह प्रकरण इसका उदाहरण है।

हमारी अयोध्या से जनकपुर तक की जो बारह दिन की यात्रा हुई, उसका यह एक अलग ही पड़ाव था, लेकिन मेरे मस्तिष्क में यह बात जरूर घूम रही थी कि दस दिन की जगह बारह दिन हो गए हैं और हम अयोध्या के बजाय जनकपुर पहुंच चुके हैं।

6. जनकपुर

अब हम लोग जनकपुर की छटा देख रहे थे। वहां हर निर्माण, हर दृश्य बहुत आकर्षक था। नगर की सुंदरता का वर्णन करते नहीं बनता था। मन जहां जाता, वहीं लुभा जाता। नगर के सभी स्त्री-पुरुष बहुत सुंदर, पवित्र, साधु स्वभाव वाले, धर्मात्मा, ज्ञानी और गुणवान दिखे।

गुरुदेव ने वहां आमों का एक अनुपम बाग देखा और मुझे देखकर बोले- क्यों लक्ष्मण, मेरा मन कहता है यहीं ठहरा जाए। मुनियों के समूह के साथ हम लोग वहां रुक गए। तभी समाचार मिला मिथिलापति जनकजी को और जनकराज गुरुदेव से मिलने आ गए।

मैंने देखा जनकराज के साथ बहुत सारे मंत्री थे, योद्धा थे, ब्राह्मण थे। उन्हीं में गुरु शतानंद भी उनके साथ थे। सभी के हृदय बड़े पवित्र और चेहरे से स्वामीभक्ति झलक रही थी। राजाजी ने अपना मस्तक गुरुदेव के चरणों पर रखा, गुरुजी ने ब्राह्मण मंडली को आदर सहित बैठाया, एक-दूसरे की कुशल पूछी। हम दोनों भाई कुछ देर पहले गुरु की आज्ञा से फूलवारी देखने चले गए थे तो इस दृश्य को दूर से देख रहे थे। उसी समय जनकजी की दृष्टि हम पर और खासकर भैया राम पर पड़ी।

गुरुदेव ने हम दोनों को बुलाकर अपने पास बैठा लिया। दिव्य सौंदर्य से दैदिप्यमान श्रीराम की छवि देखकर

तो जनकजी स्तब्ध-से रह गए। उन्होंने बड़ी विनम्रता-सात्विकता के साथ हम दोनों का परिचय पूछा तो विश्वामित्रजी कहते हैं- ये रघुकुलमणि महाराज दशरथ के पुत्र हैं और उन्होंने मेरे हित के लिए इन्हें मेरे साथ भेजा है। इन दोनों भाईयों ने युद्ध में असुरों को जीतकर मेरे यज्ञ की रक्षा की है।

इसके बाद तो गुरुदेव बड़ी सुंदर टिप्पणी करते हुए कहते हैं- ये दोनों भाई आनंद को भी आनंद देने वाले हैं।

हम लोगों को ले जाकर एक अतिसुंदर महल में ठहराया गया। जब सब चले गए तो भैया ने बड़े विनय के साथ (सकुचाते हुए) गुरुदेव से कहा- लक्ष्मण नगर देखना चाहते हैं। आपकी आज्ञा हो तो मैं दिखाकर इन्हें वापस ले आऊं.? गुरुदेव ने मुस्कुराते हुए आज्ञा दी, बोले- ठीक है राम, ऐसा ही करो।

यहीं जनकराज की पुत्री, हमारी होने वाली भाभी मां, सीताजी अपनी सखियों के साथ आईं। कंकण, करधनी और पायजेब की मधुर आवाज सुन भैया ने मुझसे कहा- लक्ष्मण, यह ध्वनि ऐसी आ रही है मानो कामदेव ने विष्णु को जीतने का संकल्प कर डंके पर चोट मारी है।

ऐसा कहते हुए श्रीराम ने उस ओर देखा। मां की छवि देखकर हमारे परम पिता श्रीराम के सुंदर नेत्र स्थिर हो गए। सीताजी का सौंदर्य और शोभा देखकर भैया बड़ा सुख पा रहे थे। दोनों अपनी-अपनी जगह मौन थे।

रामकथा केवल राम की कथा नहीं है। भविष्य में इसमें सीताजी का भी उतना ही मान-महत्व है। अब उनका प्रवेश हो रहा है कथा में। तो अब रामकथा की सुगंध, तरंग,

संदेश, गहराई सब बदलने वाली है। मां का आगमन ऐसा ही होता है।

सीताजी के नेत्रों ने तो मान ही लिया था कि जिस खजाने की प्रतीक्षा थी, वह आज मिल गया। नेत्रों के रास्ते श्रीराम को हृदय में लाकर चतुर शिरोमणि जानकीजी ने पलकों के किवाड़ लगा लिए। इस दृश्य को तो आगे बढ़ना था, परंतु कुछ समय के लिए प्रकृति रुक गई।

हम दोनों गुरु विश्वामित्रजी के पास लौट आए थे और वहीं जनकजी द्वारा भेजे गए शतानंदजी आए। उन्होंने गुरुदेव को आमंत्रण दिया कि आप स्वयंवर में पधारिए।

विश्वामित्रजी ने हमसे कहा- जनकराज चाहते हैं उनकी पुत्री सीता के स्वयंवर में आप दोनों भी चलो। देखते हैं, ईश्वर किसे बढ़ाई देता है। तब मेरे मुख से सहज ही निकल गया- जिस पर आपकी कृपा होगी, वही बढ़ाई का पात्र होगा। यानी धनुष भंग का श्रेय उसे ही मिलेगा, जिस पर गुरुदेव की कृपा होगी। बस, कुछ ही देर में हम लोग गुरुदेव के साथ यज्ञशाला में पहुंच चुके थे।

धनुष भंग का विश्वास और आतुरता लिए बड़े-बड़े योद्धा बैठे हुए थे। सबने प्रयास किया, परंतु धनुष भंग होना तो दूर, किसी से डिग भी नहीं पा रहा था। ऐसी स्थिति देख जनकराज ने जो वचन बोले, सुनकर मैं तमतमा गया और खड़ा होकर उन पर आपत्ति प्रदर्शित की। लेकिन, सदैव की तरह भैया ने कंधे पर हाथ रख मुझे बैठा दिया।

तब गुरुदेव ने भैया राम की ओर देख नेत्रों से आदेश दिया।

भैया खड़े हुए और जैसे ही धनुष को देखा, मुझमें पता नहीं कहां से शक्ति आ गई और बहुत ऊंचे स्वर में बोल पड़ा- हे दिग्गजों, हे कच्छप, हे शेष और हे वाराह सब सावधान हो जाओ, धीरज धरकर पृथ्वी को थामे रखो, श्रीराम शिव धनुष को भंग करने वाले हैं।

भैया ने मन ही मन गुरुदेव को प्रणाम किया, आगे बढ़े और बड़ी फूर्ति से धनुष उठाया। उठाते, प्रत्यंचा चढ़ाते और खींचते कोई देख नहीं पाया, इतनी फूर्ति से क्षणभर में धनुष बीच से भंग हो गया। अब तो सब ओर जय-जयकार का स्वर था और सीताजी के हाथों जयमाला भैया के गले में।

इस बीच कुछ उपद्रवी राजाओं ने उपद्रव भी किया। हम दोनों भाई कोई निर्णय लेते उससे पहले सभा में परशुरामजी का प्रवेश हो गया। उपस्थित सारे राजा डर गए। मेरी उनसे जगप्रसिद्ध शाब्दिक भिड़ंत हुई। हमेशा की तरह भैया ने फिर मुझे शांत कर बैठा दिया।

जब श्रीराम-परशुराम आमने-सामने हुए, एक नया इतिहास लिखा गया।

हमने तो इस पूरे दृश्य के अंत में यही सुना कि परशुरामजी हाथ जोड़कर कह रहे थे- मैं अपने इस एक मुख से आपकी क्या प्रशंसा करूं राम आप दोनों भाई क्षमा के मंदिर हैं, मुझे क्षमा कीजिए। आपकी जय हो, जय हो।

परशुरामजी विदा हो गए। उधर नगरी अयोध्या हमारी प्रतीक्षा कर रही थी, इधर जनकपुर में हम नए मेहमानों को अयोध्या ले जाने की तैयारी कर रहे थे। इसे ही कहते हैं योग-संयोग। यह सही है कि अयोध्या की धरती ने हमारा विवाह नहीं देखा, पर हर अयोध्यावासी की दृष्टि जनकपुर की ओर थी, क्योंकि दूत अयोध्या भेजने की तैयारी हो रही थी।

जनकजी ने विश्वामित्रजी को प्रणाम करते हुए कहा- आपकी कृपा से श्रीराम ने धनुष तोड़ा है, अब आज्ञा दीजिए। मुनि ने कहा- देखो जनकराज, ये जो विवाह है, धनुष के अधीन था। धनुष टूटा और विवाह हो गया, लेकिन कुशल व्यवहार तो हमें करना ही पड़ेगा। जैसा वेदों में वर्णित है, वैसा आचार कीजिए।

शीघ्र दूत अयोध्या भेजकर राजा दशरथ को बारात के साथ आमंत्रित कीजिए। 'जैसी आपकी आज्ञा' कहकर जनकराज आगे की व्यवस्थाओं के लिए चल पड़े।

पूरा नगर सजा दिया गया। सजावट की विशेषता यह थी कि जनकजी के महल की जैसी शोभा है, वैसी ही छवि नगर के हर घर की दिखाई दे रही थी। उधर राजा जनक के दूत हमारी नगरी अयोध्या में पहुंच चुके थे।

महाराजा दशरथ के हाथों में जब पत्र सौंपा गया और वे पढ़ रहे थे, तो उनकी आंखों से आंसू बह रहे थे। शरीर पुलकित हो गया, हृदय में राम और लक्ष्मण, हाथ में सुंदर चिट्ठी कुछ बोल नहीं पाए। पूरा पत्र पढ़ा और अपनी सभा को सारी बात बताई। सब बहुत हर्षित थे। खेलते-खेलते भाई भरत और शत्रुघ्न भी वहां पहुंच गए।

जब राजा दशरथ ने जनकजी के दूतों को अपने पास बैठाकर हमारी (राम-लक्ष्मण की) कुशल पूछी, मैं तो दूतों की शैली से चकित हो गया। ये सारे दृश्य मेरी कल्पना में चल रहे थे। केवल कुछ संवाद सुनिए। जनकजी के दूत अयोध्या में क्या वाणी बरसा रहे थे।

दूत कहते हैं- महाराज, आपके दोनों पुत्र विश्व विभूषण हैं। उनके लिए आप कह रहे हैं कुछ बताओ! अरे,

कभी हाथ में दीपक लेकर सूर्य को देखा जाता है? भैया राम को उन्होंने अतुलनीय बली बताया और मुझे तेजनिधान कहा। मैं तो उनकी वाकशैली सुनकर अभिभूत था।

पिताजी उस पत्र को लेकर गुरु वशिष्ठ के पास पहुंचे और सारी बात बताई। तब गुरुदेव ने आशीर्वाद देते हुए राजा दशरथ से कहा सुख और संपत्ति बिना बुलाए स्वाभाविक ही धर्मात्मा पुरुष के पास पहुंच जाती है।

आप गुरु, ब्राह्मण, गौ और देवताओं की सेवा करने वाले हैं, महारानी कौशल्या भी ऐसी ही पुण्यात्मा हैं और राम आप जैसे माता-पिता के पुत्र हैं। अतएव डंका बजवाकर बरात सजाओ। बस, महाराज को गुरु की आज्ञा मिल गई।

सदैव ही सुहावनी लगने वाली अयोध्या एक बार फिर अलग ढंग से सजाई गई। पिताजी ने भाई भरत व शत्रुघ को बुलाकर कहा बरात में चलने की तैयारी करो। रंग-रंग के उत्तम घोड़े सुशोभत कर दिए गए, जिन पर छैल-छबीले राजकुमार सवार हुए।

घोड़े इतने सुंदर सजे थे कि देखकर मुनियों का मन भी मोहित हो जाए। जो जल पर भी जमीन की ही तरह चलते हैं। वेग की अधिकता से टाप पानी में नहीं डूबती। अलग-अलग प्रकार से रथ तैयार किए गए। उस समय जो जिस काम के लिए जाता, उसे शकून ही प्राप्त हो रहा था।

7. राजतिलक का निर्णय, मंथरा, वनवास

अयोध्या नगरी ने मान लिया था कि मैं मात्र आधार हूं, सारा संसार राम की प्रतीक्षा कर रहा है, और 24 दिन बाद गृहस्थ राम जब अयोध्या आए, तो यह तय हो गया था कि अब लोकाभिराम राम नया रूप ले रहे हैं। उनका जन्म युग पुकार की पूर्ति के लिए हुआ है। वे लोकमंगल के लिए धरती पर आए हैं। अब अयोध्या को आगे बहुत कुछ देखना था।

चूंकि संसार अब एक नए राम को देखेगा, तो मुझ लक्ष्मण का नैतिक दायित्व है इस संसार को अयोध्या के राम से परिचित करवा दूं। वे सदैव शांत, प्रसन्नचित्त रहते थे। उनका बोला हर शब्द अमृत में घुला रहता था। कोई उनका अपकार करे, उस पर ध्यान नहीं देते। सदैव दूसरों का उपकार करते। जितनी जानकारी उनके पास है, उन्होंने उस पर कभी गर्व नहीं किया, बल्कि विद्वानों का सदैव सम्मान करते थे।

ईर्ष्या तो श्रीराम के स्वभाव में थी ही नहीं। दीन-दुखियों पर उनकी करुणा बरसती थी। धर्मपालन में बहुत दृढ़ थे, कभी अकारण हृदय में क्रोध उत्पन्न नहीं होता। विलक्षण आत्मसंयमी। सदैव अपने आप पर नियंत्रण रखते। मुंह से कभी उल्टी-सीधी बात नहीं निकलती।

शरीर से हमेशा स्वस्थ-स्फूर्त। कभी उदास नहीं दिखते। सदैव सतर्क रहते और अपने तथा दूसरों के गुण-दोषों से भली-भांति परिचित रहते थे। बुद्धि में ब्रहस्पति और पराक्रम में इंद्र के समान भैया राम जैसा और कौन होगा? ऐसा मैं ही नहीं, सारी अयोध्या नगरी कहती।

एक बार पिता दशरथजी अपनी सभा में बैठे। जय-जयकार हो रही थी। तभी राजा ने अपना मुकुट सीधा कर आईने में देखा तो कान के पास के केश सफेद दिखे। मुकुट सत्ता का प्रतीक है। राजा ने विचार किया मेरी आयु हो चुकी है। बुढ़ापा आ चुका, सत्ता थोड़ी तिरछी होने लगी है। अब राम को युवराज पद दे देना चाहिए।

गुरु वशिष्ठजी से परामर्श किया और राजसभा में उपस्थित लोगों से मत मांगा कि क्या राम को युवराज बना दिया जाए? यह बात सबको समझ नहीं आई, लेकिन मुझे लगता है, राजा दशरथ के मन में कुछ संदेह था, कहीं कुछ अनहोनी न हो जाए।

तब सब लोगों ने कहा राम को क्यों राजगादी पर न बैठाया जाए? वे धर्म को जानते और पहचानते हैं, सत्य को मानते हैं। उनकी वाणी बहुत मधुर तथा अच्छा फल देने वाली है। योग और क्षेम का ध्यान रखते हैं। देखने में सुंदर, संवाद में मधुर, कार्य में बहुत कुशल। ऐसे राम को राजगादी अवश्य दी जाए।

प्रजा और प्रजाध्यक्षों की इस अमृत वाणी से राजा दशरथ का हौसला बढ़ गया। शीघ्र गुरु वशिष्ठजी व वामदेव से चर्चा कर अगले दिन राजतिलक का अनुरोध करते हुए कहते हैं- समयोचित उपदेश देने के लिए आप राम के महल में जाएं। वशिष्ठजी रामजी के महल में पहुंच जाते हैं।

श्रीराम ने गुरुजी का आगमन अपने निवास पर देखा तो द्वार पर आकर चरणों में मस्तक नवाया। आदरपूर्वक अर्घ्य देकर महल में ले गए। सीताजी के साथ चरण-पूजन किया और बोले सेवक के घर स्वामी का पधारना मंगलों का मूल तथा अमंगल का नाश करने वाला होता है। फिर भी उचित तो यह था कि आप ही मुझे बुलवा लेते। नीति भी यही कहती है।

अब आज्ञा दीजिए, मुझे क्या करना है? स्वामी की सेवा में ही सेवक का लाभ है।

पिता दशरथ की आज्ञा हो चुकी थी। गुरुदेव ने अनुमोदन कर दिया। यह समाचार हम सबको बहुत प्रसन्न करने वाला था। वशिष्ठजी कह गए थे राम, आज आपको उपवास-हवन के साथ हर प्रकार से संयम करना है, कल आपका राजतिलक होने वाला है।

भैया राम स्वभाव से ही बहुत धीर-गंभीर और एकदम अलग सोच वाले थे। उन्होंने एकांत में सीताजी से कहा भी कि हम सब भाई लगभग एक साथ जन्मे, खाना-पीना, खेलना, सोना-उठना सब साथ किया। यहां तक कि विवाह भी साथ हुए। फिर बाकी भाइयों को छोड़कर राज्याभिषेक मेरा क्यों? सीताजी ने अपना तर्क दिया। आप आयु में ज्येष्ठ हैं, गुणों में श्रेष्ठ हैं। सर्वसमत जनमत आपके पक्ष में है, इसीलिए पिताश्री ने यह निर्णय लिया होगा।

राम के राज्याभिषेक की बात सुनकर माताओं सहित सीताजी भी प्रसन्न थीं। सारी अयोध्या में एक ही स्वर सुनाई दे रहा था- विधाता हमारी अभिलाषा पूरी करेंगे, हम राम को राजा के रूप में देखेंगे।

मैं (लक्ष्मण) भी उस प्रसन्नता में शामिल था, लेकिन देवताओं को अवध के बधावे नहीं सुहाते। जैसे चोर को चांदनी रात नहीं भाती, उसी तरह। देवताओं ने देवी सरस्वती को बुलाया और कहा- माता हमारी बड़ी विपत्ति को देखकर कुछ ऐसा कीजिए, जिससे कि राम राज को त्यागकर वन में चले जाएं और हमारा सब कार्य सिद्ध हो सके।

मां सरस्वती खड़ी-खड़ी सोचते हुए कहती हैं- यह आप क्या कह रहे हैं? देवता कहते हैं- आप ऐसा कर दीजिए, इसमें आपको जरा भी दोष नहीं लगेगा। कृपया देवताओं के हित के लिए अयोध्या जाइए। देवी सरस्वती संकोच में आ गईं। सोचे लगीं देवताओं की बुद्धि ओछी है। इनका निवास तो उच्च, पर करनी बहुत नीची है। ये दूसरों का ऐश्वर्य देख नहीं सकते।

लेकिन इसके पीछे आगे का कुछ विचार तो अवश्य है। यानी राम वन जाएंगे तो राक्षसों का नाश संभव होगा और सारा जगत सुखी हो जाएगा। ऐसा सोचकर सरस्वतीजी अयोध्यापुरी में आ गईं। ऐसे प्रवेश किया, जैसे दुख देने कोई महादशा आई हो।

मंथरा नाम की कैकयी की एक मंदबुद्धि दासी थी। उसे अपयश की पिटारी बनाकर सरस्वती ने उसकी बुद्धि फेरी और चली गईं। मंथरा ने देखा सारा नगर सजा हुआ है तो पूछताछ करने लगी, किस उत्सव की तैयारी हो रही है। क्या होने वाला है अयोध्या में? और, जैसे ही राम के राजतिलक की बात सुनी, उसका ह्रदय जल उठा।

कैकयी के महल में जाती है और ऊपर से सारी अयोध्या को देखती है, पर समझ नहीं पाती कि यह सब हो क्या रहा है। कटी पतंग की तरह महल से नीचे उतरती है।

उसका मन बहुत मलीन हो चुका था। सीधे कैकयी के महल में प्रवेश करती है और देखती है, रानी आराम से लेटी हैं।

छोटे दिल, खोटे मन और नाटे कद की कुब्जा भीतर ही भीतर आक्रोश की भावना से झुलसी हुई कैकयी के सामने खड़ी थी।

मंथरा कैकयी की ज्ञाती दासी थी। यानी उसका उठना-बैठना, खाना-पीना सब कैकयी के साथ ही होता था। इसीलिए उसे अयोध्या में सहोशिता भी कहा गया। हम लोग तो मानते थे कि कैकयी के व्यक्तित्व का अभिन्न अंग थी मंथरा।

अब जो कैकयी के साथ होने वाला है, वह हम मनुष्यों के लिए बहुत बड़ी शिक्षा है। महान से महान व्यक्तित्व भी कभी-कभी दुर्बलता के कुछ दुष्ट क्षणों में बहुत साधारण, शूद्र और तुच्छ भूमिका पर उतर आता है। कैकयी के साथ भी ऐसा ही होने वाला है।

मंथरा एक-एक कर तर्क देती गई और जो कैकयी राम व दशरथ के विरुद्ध कभी कुछ सुनना नहीं चाहती थी, उसी कैकयी का मानस बदल दिया। कैकयी के निर्मल मन को विषाक्त करने में ऐसी भूमिका बांधी कि उसकी बातें सुनकर लगता वह मनुष्य मनोविज्ञान की बड़ी जानकार थी।

मंथरा की बातों से रानी इतनी प्रभावित हो गई कि वार्तालाप के अंत में कहती है- मंथरा मैं तेरे कहने से कुंए में गिर सकती हूं, पुत्र और पति को भी छोड़ सकती हूं। जब तू मेरा बड़ा भारी दुख देखकर कुछ कहती है, भला अपने हित के लिए उस पर अमल क्यों न करूं। बस, मंथरा समझ गई अब काम हो जाएगा।

राजा दशरथ द्वारा कैकयी को दो वरदान मांगने की बात याद दिलाते हुए बोली- रानी, यही उचित अवसर है। राम को वनवास और भरत के लिए राज मांग लो। कोप भवन में जाओ, सारे काम बड़ी सावधानी से करना और राजा की बातों में मत आना। कैकयी कहती है यदि कल विधाता मेरा मनोरथ पूरा कर देते हैं तो मंथरा, मैं तुझे अपनी आंखों की पुतली बना लूंगी।

कैकयी केश खुले कर कोपभवन में जाकर सो गई। कैकयी राज करती हुई अपनी दुष्ट बुद्धि से नष्ट हो गई। राजमहल और पूरे नगर में धूमधाम मच रही है, लेकिन जो भू-चाल आने वाला था उसके पीछे की कुचाल को कोई नहीं जानता था।

कुसंग पाकर कौन नष्ट नहीं होता। नीच के मत अनुसार चलने से चतुराई नहीं रह जाती। संध्या का समय आया, राजा दशरथ बड़े आनंद के साथ कैकयी के महल में पहुंचे, मानों साक्षात स्नेह ही शरीर धारण कर निष्ठुरता के पास गया हो।

हमारे पिता राजा दशरथ का नाम तीनों लोक में इसलिए प्रसिद्ध था, क्योंकि उनके जीवन का आधार सत्य था। एक ऐसा सत्य जो धर्म से पोषित होता था। सत्य से बढ़कर संसार में कोई सत्ता नहीं है। सबसे बड़ी-शक्तिशाली सत्ता है- सत्य। पिताजी ने अपना पूरा जीवन सत्य की साधना को समर्पित किया था। भैया राम ने इसी परंपरा को आगे बढ़ाया।

अब अनर्थ का अंकुरण होने जा रहा था। श्रीराम का राजतिलक तय होने के बाद राजा दशरथ राममाता कौशल्या

के पास न जाकर छोटी रानी कैकयी के पास क्यों गए, यह एक दैवीय रहस्य है।

सब दशरथजी के इस निर्णय पर अपने-अपने मत व्यक्त करते हुए अपने-अपने हिसाब से व्याख्या करते हैं और वर्षों तक करते रहेंगे। परंतु इतना तो तय है कि राजा के मन में कहीं न कहीं आशंका थी।

कैकयी के महल में प्रवेश करते समय मार्ग में मंथरा दिख गई। दशरथजी ने पूछा- रानी कहां है? मंथरा पूरी तैयारी से थी। अपने शब्दों को कुचाल देते हुए कहती है मुझे कुछ ज्ञात नहीं है, लेकिन फिर भी जितना जानती हूं, उतना बताती हूं। महारानी कोपभवन में हैं।

कोपभवन सुनते ही राजा सहम गए। भय के कारण कदम आगे नहीं बढ़ पा रहे थे। देवराज इंद्र जिनकी भुजाओं के बल पर बसता है, राक्षसों से निर्भय होकर रहता है और संपूर्ण राज समाज जिनका मुख देखते हैं, वे ही राजा दशरथ आज स्त्री का कोप देखकर सूख गए।

मैं राजा दशरथ का पुत्र लक्ष्मण, आज उस दृश्य के बारे में सोच रहा हूं। कभी-कभी कैसा हो जाता है मनुष्य के साथ! जो दशरथ त्रिशूल, वज्र और तलवार आदि की चोट अपने अंगों पर सहने वाले हैं, वे कैकयी संग में रतिनाथ कामदेव के पुष्पबाण से घायल हो गए।

डरते-डरते दशरथजी किसी प्रकार प्यारी रानी कैकयी के पास पहुंचे। त्रस्त और आशंकित मन से क्रोधागार में प्रवेश करते हैं और पत्नी के साथ जमीन पर बैठ जाते हैं। कैकयी को प्रसन्न करने के प्रयास में केश संवारते हुए पूछते हैं- क्या बात है रानी, तुम्हारे रूठने का कारण क्या है?

हे, सुमुखी, सुनयनी, गजगामिनी मुझे अपने क्रोध का कारण तो बताओ। बोलो, क्या चाहती हो? कल अपने राम का राजतिलक होने वाला है और ऐसे शुभ समय तुम ऐसी क्यों बैठी हो? कुछ मांगना हो तो मांग लो। मांगने की बात सुनते ही कैकयी कहती है- हर समय-मांग ले-मांग ले कहते हो, कुछ देते तो हो नहीं।

आपने कभी दो वरदान मांगने को कहा था, मुझे तो उनके मिल पाने में भी संदेह है। तब दशरथ कहते हैं- रानी, मेरा भूलने का स्वभाव है, इस कारण मुझे वह प्रसंग याद नहीं रहा। आज चाहो तो दो के बदले चार मांग लो। रघुकुल की तो सदा से ही रीत है कि प्राण भले ही चले जाएं, पर दिया हुआ वचन नहीं जाता। आज जो चाहो मांगकर देख लो।

कैकयी कहती है- ठीक है, तो पहला वचन तो मैं यह चाहती हूं कि भरत को राज दीजिए और दूसरा यह कि राम तपस्वियों के वेश में विशेष उदासीन भाव से चौदह वर्ष तक वन में रहे।

कैकयी के कठोर वचन सुनकर राजा के हृदय में ऐसा शोक छाया कि स्तब्ध रह गए। उनसे कुछ कहते नहीं बना। चेहरे का रंग ऐसे उड़ गया मानो ताड़ के पेड़ को बिजली ने मारा हो। माथे पर हाथ रख दोनों आंखें बंद करके पिता ऐसा सोचने लगे मानो साक्षत सोच ही शरीर धारण कर सोच रहा हो।

कैकयी मां ने अयोध्या को उजाड़कर रख दिया। पूरे राज्य में विपत्ति की नींव डाल दी।

कैकयी तो अड़ गई। कहने लगी मेरा वचन सुनकर तो आपको बाण-सा लगा। जो भी हो, स्पष्ट कीजिए। हां या

नहीं? आप रघुवंश में सत्यप्रतीज्ञ के रूप में यात हैं। या तो सत्य का पालन कर लीजिए या अपयश ले लीजिए। चाहे धर्म हो या अधर्म, सत्य हो या असत्य, आपने जो वचन मुझे दिया, वह वापस नहीं हो सकता।

वचन तो राजा ने केवल कैकयी को ही नहीं, प्रजा को भी दिया था। गुरु वशिष्ठजी को भी दिया था। तो अब कौन-सा वचन सत्य के अधिक निकट है, दशरथ इस धर्मसंकट में उलझ गए। यदि सचमुच सत्य कहा जाए तो वह भी असत्य हो जाता है।

राजा टूटती हुई आवाज से कहते हैं- कैकयी मैं प्रातः होते ही भरत-शत्रुघ्न को बुलवा लूंगा और भरत का राजतिलक कर दूंगा। हमारा राम भी यही चाहता है। परंतु, यह दूसरा वचन न मांग। तू स्वयं राम की सराहना करती है, तूने ही उसका लालन-पालन किया है। राम बहुत साधु स्वभाव का है, उसके साथ ऐसा अनिष्ट मत कर।

कैकयी एकदम से खड़ी होकर कहती है, प्रातः होते ही तपस्वी का वेश धर यदि राम वन को नहीं गया तो आप समझ लेना मेरा मरना तय है और आपका अपयश। राजा ने मन ही मन समझ लिया कि इस स्त्री के बहाने मेरी मृत्यु ही सिर पर नाच रही है। कैकयी के चरण पकड़ लिए और गिड़गिड़ाते-से कहने लगे तू चाहे तो मेरा मस्तक मांग ले, लेकिन मुझे राम के विरह में मरने को विवश मत कर।

राजा एक-एक कर तर्क देते हैं। पहले अपनी विवशता बताते हैं कि राम के बिना मैं रह नहीं पाऊंगा। फिर कहते हैं यदि तू राजमाता बनती है तो भी विधवा हो जाएगी। मैं जीवित नहीं रह पाऊंगा। फिर धर्म और भरत को जोड़कर कहते हैं- मैं जानता हूं, भरत यह राज्य कभी स्वीकार

नहीं करेगा। और अंत में कहते हैं- कैकयी, थोड़ी देर के लिए मान ले कि भरत राजा बन गया, पर राम का वनवास अधार्मिक है, असहनीय है और अस्वाभाविक भी है।

राजा की इन बातों का कैकयी पर कोई प्रभाव नहीं दिख रहा था। वह तो अपनी जिद पर अड़ी थी। दशरथ हाथ जोड़कर कहते हैं- कैकयी, यदि तू मेरी बात मान लेती है तो मैं समझूंगा और सारे संसार को समझाऊंगा कि राम को यह राज्य दशरथ ने नहीं, कैकयी ने दिया है।

कैकयी तेरी उजाड़ी गई यह अयोध्या फिर भी बस जाएगी, यहां फिर से राम की प्रभुता होगी, सारे भाई उसका मान करेंगे, तीनों लोक में राम की ख्याति होगी। एक न एक दिन सारे दृश्य बदल जाएंगे, पर मेरा पछतावा और तेरे माथे का कलंक मरने पर भी नहीं मिट सकेगा। इसके बाद भी यदि नहीं समझ पा रही है, तो जो अच्छा लगे वह कर, परंतु मेरी आंखों से दूर हो जा।

राम... राम... की रट लगाते हुए व्याकुल राजा धरती पर गिर गए। विलाप करते-करते सुबह हो गई। समय अपनी गति से बढ़े जा रहा था। कैकयी की ओर देखते हुए अंतिम निर्णय दशरथ ने दिया- मैं इसी समय तुझसे सारे नाते तोड़ रहा हूं। राम के राजतिलक के लिए जो पूजन-हवन सामग्री एकत्र की गई है, उसी से राम मेरा दाह संस्कार करेगा। और, यदि भरत तुम्हारा यह (राजतिलक का) प्रस्ताव स्वीकार करता है तो वह मुझे अग्नि देने का अधिकारी भी नहीं रहेगा।

कहते-कहते राजा निढाल-से हो गए।

सूर्योदय होते ही राजद्वार पर मंत्री समूह एकत्र हो गया। सेवक खड़े इंतजार करते एक-दूसरे से पूछ रहे थे, महाराज

दशरथ अब तक जागे क्यों नहीं? सभी ने महामंत्री सुमंत्र से निवेदन किया। सुमंत्र जैसे ही राजमहल में गए, सामने भयानक दृश्य था। लगा जैसे साक्षात विपत्ति और विषाद ने डेरा डाल रखा हो।

सुमंत्र ने जैसे ही कक्ष के भीतर का दृश्य देखा (राजा बेसुध जमीन पर पड़े हैं), समझ तो पाए नहीं, डर के मारे कुछ पूछ भी नहीं सके। तब शुभ से विहीन-अशुभ से भरी कैकयी कहती है- सुमंत्र, राजाजी को रातभर नींद नहीं आई। क्यों नहीं आई, यह तो वे स्वयं ही जाने। रातभर से राम... राम... की रट लगाए हैं, कुछ बताते भी नहीं। आप जाओ और शीघ्र राम को बुला लाओ। वही पूछेगा मामला घटना क्या है। सुमंत्र मन ही मन समझ गए कि रानी ने कुछ कुचाल कर दी है।

महामंत्री बाहर निकले, सारी अयोध्या पूछने लगी- बात क्या है, राजाजी अब तक उठे क्यों नहीं? जैसे-तैसे सबको समझाया और रामजी के महल की ओर बढ़ गए। रामजी ने देखा तो पिता की तरह सम्मान किया, कुछ पूछा और उनके साथ चल दिए।

रामजी ने अत्यंत खराब हालत में पड़े पिता को देखा और फिर वहीं क्रोध से भरी मां कैकयी पर दृष्टि गई। भैया राम तो स्वभाव से ही कोमल और करुणामय हैं। उन्होंने जीवन में पहली बार ऐसा दुखभरा दृश्य देखा था। इससे पहले तो दुख होता क्या है, उन्होंने सुना भी नहीं था।

हृदय में धीरज धर श्रीराम ने कैकयी से पूछा- पिताजी के दुख का, उनके इस हाल का कारण क्या है, मुझे बताइए माता। कदाचित मैं निवारण कर सकूं। कैकयी बोली- सुनो राम, इनके सारे दुख का कारण यह है कि ये तुमसे बहुत

प्रेम करते हैं। मैंने राजा से दो वचन मांगे और सुनकर इनके ये हाल हो गए।

कैकयी ने अपने ढंग से जब सारी बात बताई तब भैया ने हाथ जोड़ते हुए कहा- मां, वह पुत्र बड़ा बड़भागी होता है, जो माता-पिता के वचनों का पालन कर सके। वन जाने से मेरा सब तरह से कल्याण होगा और अयोध्या का राज भरत को मिलेगा, मेरे लिए इससे बड़ी प्रसन्नता की बात और क्या हो सकती है। आप दोनों की आज्ञा शिरोधार्य है मां। हां, मुझे एक बात का दुख अवश्य हो रहा है कि इतनी छोटी बात को लेकर पिता इतने दुखी हो गए!

राजा दशरथ ने नेत्र खोले, राम को देखा और आंसुओं की धारा बह चली। समझ चुके थे कि अब तक कैकयी राम को सबकुछ बता चुकी होगी और जो चाहती है, मांग भी लिया होगा। तब भैया राम ने कहा था- इस मंगल समय में मोहवश होकर सोच करना छोड़ दीजिए पिताजी और प्रसन्न मन से मुझे आज्ञा दीजिए। कुछ ही देर में नगर भर में बात फैल गई, मानों डंक लगते ही बिच्छू का विष सारे शरीर में फैल जाता है। सुनते ही हर कोई व्याकुल हो गया।

राम बाहर निकले और जब माता कौशल्या के महल की ओर जा रहे थे तो उनका रूप, चेहरे का तेज अद्भुत था।

उस दिन जिसने राम को नहीं देखा और जिस पर राम की दृष्टि नहीं गई, वे भाग्यहीन ही होंगे। शांत भाव से, मुख पर हल्की सी मुस्कान लेकर चले जा रहे थे।

अपने राजतिलक के लिए जो मंगल कलश सजाया गया था, उसकी परिक्रमा की। यह अलौकिक संतुलन श्रीराम के व्यक्तित्व को और अधिक ऊंचाई दे रहा था।

सचमुच राम न बहुत अधिक प्रसन्न थे, न ज्यादा निराश। वे वीतराग से शृंगारित राम थे।

नगरभर में हलचल मच गई। ब्राह्मणों की स्त्रियां, कुल की बड़ी-बूढ़ी महिलाएं जो कैकयी के निकट थीं, उन्होंने रानी को समझाया भी, परंतु कैकयी उन सबको ऐसे देख रही थी मानो भूखी बाघिन हिरनियों को देख रही हो। सारी स्त्रियां रानी को मंदबुद्धि, अभागिनी कहती हुई चल दीं और राम पहुंच गए, मां कौशल्या के महल में।

कौशल्याजी ने राम को हृदय से लगाया, उन पर गहने-वस्त्र न्यौछावर किए और जब आग्रह किया कि मैं तुम्हारा शृंगार कर दूं तो रामजी ने हाथ पकड़कर कहा- इसकी आवश्यकता नहीं है मां, पिताजी ने मुझे वन का राज दिया है। अब आप भी आज्ञा दीजिए। मुझे वन जाना है।

मां कौशल्या सहम गई और समझ भी गई कुछ अनहोनी हो चुकी है। जब सारी बात पता चली तो सोचती हैं- यह कैसी परीक्षा की घड़ी आई है? न तो राम को वनगमन की आज्ञा दे सकती हूं, न ही रोक सकती हूं। दोनों ही स्थितियों में हृदय में भारी संताप हो गया।

मन ही मन सोचती हैं, विधाता की चाल सदा सबके लिए टेढ़ी होती है। लिखने गए चंद्रमा और लिखा गया राहु। धर्म और स्नेह दोनों ने उनकी बुद्धि को घेर लिया, और ऐसे में ही संसार का एक अनूठा आशीर्वाद दिया। केवल पिता की आज्ञा हो तो मुझ माता को बड़ी जान वन को मत जाओ। परंतु यदि माता (कैकयी) भी ऐसा ही चाहती हैं, तो अवश्य जाओ। वन तुम्हारे लिए सैकड़ों अयोध्या के समान है।

उसी समय वहां सीताजी का प्रवेश होता है।

समय चलता जा रहा था और हम सब बैठे थे। भाभीमां सीताजी अपने सुंदर पैरों के नाखूनों से धरती कुरेद रही थीं। कौशल्याजी कहती हैं, पुत्र राम, सीता अत्यंत सुकुमारी है और तुम्हारे साथ वन जाना चाहती है। जो चित्र में बंदर को देख डर जाती है, वह सीता वन में किस प्रकार से रह सकेगी। सीता मेरे साथ यहां रहेगी तो मुझको बहुत सहारा हो जाएगा।

श्रीराम माता के सामने कुछ भी कहने में सकुचाते हैं। फिर भी कहते हैं- सीते, कोई दूसरी बात मन में मत ले लेना, पर यदि अपना और मेरा भला चाहती हो तो मेरा वचन मानो और यहीं घर पर रहो।

राम मन ही मन सोचते हैं कि मैंने अपनी भोली-भाली माता को कठोर वास्तविकता से तो परिचित करवा दिया, पर चुनौती अभी बाकी है। अभी तो सीता को समझाना है, छोटा भाई लक्ष्मण भी खड़ा होने वाला है।

मां कौशल्या चुपचाप इन दोनों की बातें सुन रही थीं। उनके मस्तिष्क में विचार आया कि जीवन की सारी तपस्या जब सफल होने जा रही थी, तब मृत्यु से भी भयंकर विपत्ति ने हमें घेर लिया।

इच्छा तो होती है, इसी समय प्राण निकल जाएं, लेकिन हम प्राणियों के प्राण इतनी आसानी से कहां निकलते हैं।

भैया राम ने धाराप्रवाह इस बात का बहुत पक्ष रखा कि सीता वन न जाएं। तब सासु मां कौशल्या को प्रणाम कर सीताजी बोलीं- मां, मैंने हर प्रकार से मन में समझकर

देख लिया है कि पति वियोग के समान जगत में कोई दुख नहीं है।

फिर श्रीरामजी से बोलीं- यदि चौदह वर्ष तक आप मुझे अयोध्या में रखते हैं, तो जान लीजिए मेरे प्राण नहीं रहेंगे। आप कहते हैं, मैं सुकुमारी हूं और वन के योग्य हैं। आपकी तपस्या उचित है और मुझे विषय भोग!

सीताजी की दशा देख भैया समझ गए कि इन्हें यदि हठपूर्वक यहां रखा तो ये अपने प्राण त्याग देंगी। एक क्षण के लिए श्रीराम आंखें बंद करते हैं, गहरी सांस लेते हैं और कहते हैं- सीते, आज विषाद करने का अवसर नहीं है। शीघ्र वनगमन की तैयारी करो।

इन दोनों ने मां कौशल्या को प्रणाम किया। लगभग मूर्छित-सी मां इन्हें विदा करती हैं, और फिर मुझसे रहा नहीं गया। मैंने पिता दशरथजी के अविवेक और मां कैकयी की क्रूरता पर प्रहार किया। इस निर्णय का विरोध किया।

मैं यहां तक बोल गया कि भैया, हम राजकुमार हैं। अन्याय, अधर्म, असत्य और अनुचित के विरुद्ध न सिर्फ हमें आवाज उठाना है, बल्कि युद्ध करना पड़े तो वह भी करेंगे। इस वृद्धावस्था में पिताजी ने छोटी रानी की बातों में आकर ऐसी अनुचित स्वीकृति दे दी? इसके बाद भी चुपचाप सह लेना मुझे स्वीकार नहीं है। हम पिताजी के इस निर्णय का सामना करेंगे, और जब मैं रोष में आऊंगा तो मेरा सामना कोई नहीं कर सकेगा।

मुझ लक्ष्मण की ऊंची आवाज सुन मां कौशल्या के चेहरे पर राहत के लक्षण आ गए थे। लेकिन वे जानती थीं कि राम नहीं मानेगा, वह वन जाकर रहेगा। जब भैया का

वनगमन तय ही हो गया तो मैंने कहा मैं भी साथ चलूंगा आपके।

भैया ने मुझे समझाया कि भरत और शत्रुघ्न यहां नहीं है, माता-पिता वृद्ध हैं, बहुत दुखी हैं तो तुम यहीं रहकर उनके चरणों की सेवा करो। यदि मेरे साथ तुम भी वन को चलते हो तो अयोध्या अनाथ हो जाएगी।

भैया की बात सुनकर मैं निरुत्तर हो गया और उनके पैर पकड़कर एक ही बात बोली कि मैं तो आपको छोड़कर न किसी को गुरु मानता हूं, न माता-पिता। यदि आप साथ नहीं ले चलते हैं तो मुझे प्राण त्यागना पड़ेंगे। भैया मेरी मनोदशा समझ गए और बोले- जाओ लखन, मां सुमित्रा से विदा मांग लो।

सुमित्रा माता ने तो मुझे स्पष्ट कह दिया कि तुम्हारे ही भाग्य से राम वन जा रहे हैं। जाओ, शीघ्र उनके साथ जाओ।

हम तीनों राजाजी के महल में गए और जब उन्होंने हमें देखा तो स्नेहवश हृदय से लगा लिया। पिताजी इतने व्याकुल थे कि कुछ बोल भी नहीं पा रहे थे। तब भैया ने कहा- पिताजी, विदा होने का समय आ गया है, हमें आज्ञा दीजिए।

पिताजी ने कुछ प्रवचन भी दिए ताकि भैया राम अपना निर्णय बदल लें और रुक जाएं। लेकिन जब धर्म-धुरंधर, धीर-बुद्धिमान श्रीराम का रुख देखा तो समझ गए, अब यह नहीं रुकेगा। हम तीनों को आशीर्वाद दिया।

उसी समय मां कैकयी ने मुनियों के वस्त्र-आभूषण-कमंडल भैया के आगे रख दिए और बोलीं- राजा को तुम प्राणों के समान प्यारे हो। वे शील और स्नेह नहीं छोड़ेंगे।

पुण्य, यश और परलोक चाहे नष्ट हो जाए, परंतु वे तुम्हें वन जाने को कभी नहीं कहेंगे। तुम्हें जो अच्छा लगे, वह करो। राजा दशरथ मूर्छित, अवध के लोग व्याकुल और इन्हीं सब दृश्यों के बीच हम लोग विदा हो गए।

गुरु, ब्राह्मण तथा अन्य पूजनीय लोगों की वंदना करके अवधपुरी को अचेत छोड़ हम राजमहल से बाहर निकल गए। भैया ने ब्राह्मणों की मंडली को बुलाया, वर्षभर का भोजन-सामान दिया। दास-दासियों को बुलाकर गुरु से कहा इनका ध्यान रखिएगा। और, सबसे हाथ जोड़कर कहते हैं, मेरा सब प्रकार से हितकारी मित्र वही होगा, जो महाराज को सुखी रखने की चेष्टा करेगा। अब आप सभी वैसा ही करिएगा, जिससे कि पिताजी और माताएं मेरे विरह में दुखी न रहें।

कौन जानता था, यह वनवास राम का एक नया उदय करवाएगा, साथ ही अवधवासियों के लिए भी शुभ का उदय होगा।

सब लोग आपस में बात कर रहे थे- ये राम हैं। इनकी कहानी आरंभ से अंत तक पत्थर को भी द्रवित करने वाली करुण कथा हो जाएगी। राम ने अपने लिए कभी कुछ नहीं चाहा। सदैव दूसरों के हित की चिंता की। लोगों के ऐसे ही पीड़ाभरे संवाद के बीच हम लोग धीरे-धीरे आगे बढ़ चले। अयोध्या नगरी में हा-हाकार हो रहा था, जो देखा-सुना नहीं जाता। और, उधर रावण की लंका में बुरे शकुन होने लगे।

श्रीराम के वनगमन के पूर्व की नगरी अयोध्या की कहानी मैंने सुना दी। इससे आगे की कथा तो श्रीराम ही सुना सकते हैं। मुझे तो उनकी सेवा ही करना है।

अयोध्या
(वनवास के दौरान)

राम बता रहे...

1. वन गमन

हम अयोध्या छोड़ चुके थे। मैं, राम सोच रहा था जैसे-जैसे हम वन में आगे बढ़ रहे, अयोध्या हमारे भीतर गहरी उतरती जा रही थी। अल्प समय में अतीत में बहुत कुछ घट गया? रह-रहकर पिता दशरथजी याद आ रहे थे। उन्होंने महामंत्री सुमंत्र को बहुत कुछ समझाकर हमारे साथ भेजा।

वनवास मुझ अकेले को हुआ है। सीता और लक्ष्मण स्वेच्छा से मेरे साथ आए हैं। अपने अतिआग्रह से अयोध्यावासियों की भीड़ भी हमारे साथ चल पड़ी है। वे सब रामरहित अयोध्या की कल्पना से दुखी थे। सबकी चर्चा में एक ही बात, एक ही स्वर निकल रहा था- 'अयोध्या वहीं है, जहां राम हैं'।

जितने मुंह, उतनी बातें। सबकी वाणी और विचार रह-रहकर 'कैकयी' शब्द पर रुकते थे। सब एक-दूसरे से कह रहे थे- क्यों गए राजा, राजतिलक के निर्णय के बाद कैकयी के महल में? राजमाता कौशल्या के महल में जाते तो आज यह दिन नहीं देखना पड़ता।

दशरथ का कैकयी के कोप-भवन में प्रवेश एक ऐसा बीज साबित हुआ, जिसने रामकथारूपी वृक्ष का सबकुछ (फल-फूल-पत्ते) बदल दिया। हर एक ने नया रूप ले लिया।

राजा दशरथ ने सुमंत्र को आदेश दिया था कि मुझे यानी राम को सुसज्जित रथ पर बैठाकर अयोध्या जनपद के बाहर छोड़ आना, लेकिन सुमंत्र राम के साथ वन में जाएं या दो-चार दिन घुमाकर तीनों को वापस अयोध्या लाएं, यह निर्णय सुमंत्र अपने विवेक से लें।

मैं जानता हूं सुमंत्र बड़े विनीत, विवेकशील और धीर-गंभीर हैं। बाहर रथ चल रहा था, उनके भीतर मंथन। अवधवासी बीच-बीच में सुमंत्र से निवेदन भी करते जारहे हैं- श्रीमान, रथ को धीरे-धीरे हांको, ताकि हम राम की छवि निहार सकें। रहते राम को हमने भरपूर देखा है। अब जाते राम को भी जी भरकर देख लेने दीजिए।

जन समुदाय की आंखों में आंसू हैं, कंठ रूंधा हुआ, और बातचीत के पांच स्तर हो गए। कैकयी को कोसा जा रहा, राजा की निंदा हो रही, कौशल्या का धीरज विस्मय में डाल रहा, सीता का साथ जाने का निर्णय प्रशंसा पा रहा और लक्ष्मण के भ्रातृप्रेम की खूब सराहना हो रही थी।

मैं राम यह दृश्य देख रहा था। मैंने मान लिया- ऐसा तो होना ही था। लेकिन, जिस तरह से मां कौशल्या मेरे रथ के पीछे दौड़ी थीं, उनकी करुण पुकार में हम तीनों के नाम थे।

राजमाता राजमार्ग पर बावली-सी बिखरी हुई भाग रहीं। आगे हमारा रथ, पीछे-पीछे घसीटती ममता। मेरे लिए यह दृश्य अविस्मरणीय और घोर पीड़ादायक रहेगा। पिता दशरथ को मैंने मूर्छित होकर गिरते देखा, मां कौशल्या को विकल होकर भागते देखा। मैंने स्वयं पूछा- राम, यह कैसा प्रारब्ध है?

जो अवधवासी हमारे साथ चल रहे, वे वनगमन की तैयारी में थे। जो रह गए, उन्हें अयोध्या नगरी शमशान-सी लग रही। नगरी बेहोश पड़ी, होश राम के साथ चला गया। कण-कण उदास है।

साथ चल रहे उस जनसमुदाय में अयोध्या के ब्राह्मण भी थे। इस कोलाहल में उनका उच्च स्वर सुनाई दिया। ब्राह्मणों ने सुमंत्र और उनके रथ के अश्वों को आदेश दिया- अवध की ओर लौट चलो।

यह स्वर सुनकर मैं उतर गया रथ से, और ब्रह्मवाक्य का मान रखने उनके साथ पैदल चल पड़ा। पिता के सत्य वचन का पालन भी करना है और ब्रह्मवचन का मान भी रखना है। इस सब में यह तो तय है कि वन तो जाना ही है।

हमें दूर से तमसा नदी के दर्शन होने लगते हैं, मैं मन में सोच रहा था। पीछे अयोध्या में मैंने ब्राह्मणों की मंडली को भरपूर दान दिया, मित्रों को तृप्त किया। दास-दासियों के लिए विशेष व्यवस्था कर दी। जो नर-नारी वहां रुक गए हैं, उनसे हाथ जोड़कर निवेदन किया कुछ ऐसा करते रहिए कि माताएं मेरे विरह में दुखी न हों।

क्या हो रहा होगा अयोध्या में? रह-रहकर याद आ रहा है। 'अयोध्या अनाथ हो गई, अयोध्या डरावनी हो गई' का स्वर अभी भी सुनाई दे रहा है। कैसा विकृत समय आया कि सब अवधवासी एक-दूसरे में यमदूत देख रहे हैं।

(यहां राम अपने इस चिंतन को रोकते हैं।)

हम तमसा नदी के तट पर थे। मैंने संतों के मुंह से सुना था, वाल्मीकि के भीतर राम की छवि और रुचि को उतारने में इस नदी के जल की बड़ी भूमिका है।

मैं स्वयं को समझाता हूं- राम, रथ की ही नहीं, मन की गति को भी बढ़ने दो। परंतु, रह-रहकर मेरा मन अयोध्या पहुंच जाता है, इस प्रश्न के साथ कि क्या हो रहा होगा वहां?

चक्रवर्ती सम्राट राजा दशरथ बेबस-से धरती पर पड़े थे। सहारा देने के लिए एक ओर से कौशल्या, दूसरी ओर से कैकयी बढ़ती हैं। दाहिने कंधे को कौशल्या सहारा दे रही, बाएं पार्श्व में कैकेयी खड़ी प्रयास कर रहीं।

यह दृश्य संयोगवश बन गया। दायां हाथ देने में रुचि रखता है और बायां लेने में। जीवन का कैसा सच है कि मनुष्य के आसपास दो दृश्य खड़े हो जाते हैं। आज यहां भी वही स्थिति बन चुकी थी। एक में कौशल्या राजा (पति) के दुख से दुखी हैं, दूसरे दृश्य में कैकयी पति की पीड़ा में भी अपने राजमाता होने की सुखद कल्पना कर रही है।

अयोध्या के भाग्य में इस समय अप्रिय वाक्यों की वर्षा हो रही है। कैकयी के स्पर्श से दशरथ आक्रोशित हो फूट पड़े। 'मुझे स्पर्श मत करना कैकयी तेरे-मेरे संबंध समाप्त हो गए। अब तेरा स्पर्श मुझे नागिन का दंश लगता है। तूने स्वार्थ के लिए धर्म छोड़ा तो अब मैं तुझे त्याग रहा हूं। और याद रखना, इस षड्यंत्र में यदि भरत भी सहयोगी है तो वह मेरी अंत्येष्टि का अधिकारी नहीं होगा।

माता कौशल्या ने राजा की मूर्छा दूर की और सेवकों को आदेश दिया, इनका पूरा-पूरा ध्यान रखिए। फिर मां अपने महल गईं। कैकयी भी गईं, पर कहां? किसी को ज्ञात नहीं। पिता दशरथ अकेले पड़े-पड़े अपने मन-रथ को राम-रथ के पीछे दौड़ाते रहे।

इसी समय एक विरह पुकार में राजा दशरथ ने मुझ पुत्र राम को महात्मा राम कहकर स्मरण किया। गुरु विश्वामित्र भी मुझ राम को 'महात्मा' संबोधित कर चुके थे। आज राम फिर महात्मा हो गया। महात्मा यानी जो दूसरों की पीड़ा सहकर, उसे दूर कर स्वयं धैर्य के साथ जीता हो।

रुदन करते दशरथ ने सेवकों को आदेश दिया- मुझे कौशल्या के महल में ले चलो। कदाचित कुछ शांति वहां मिल जाए। महल से महल जाते हुए मार्ग में अवधवासियों की करुण पुकार सुनाई दे रही थी- हमारे राम हमें लौटा दीजिए राजन्।

राम निर्बल के बल, अनाथ के नाथ हैं। अशरण के शरण, सबके प्रिय, सबके हितकारी हैं। ऐसे राम हमें वापस दो महाराज। स्तब्ध-निष्प्राण से दशरथ सब सुनकर भी कुछ नहीं सुन पा रहे थे।

उसी समय दशरथजी को लगा अब तक तो मैं सुन नहीं पा रहा था, पर अब देख भी नहीं पा रहा हूं। रानी कौशल्या का हाथ पकड़कर कहते हैं देवी, मैं दृष्टिहीन हो गया। मेरे नेत्रों की ज्योति राम के साथ चली गई। दशरथ अंधा हो गया।

माता कौशल्या तो स्वयं ही गहरे सदमे में टूट चुकी थीं। एक दुखी दूसरे दुखी को क्या समझाए।

अब मां कौशल्या के बोल फूट पड़ते हैं। अवध के राजमहल की दीवारों को ये शब्द भी सुनना थे। पहले वे कैकयी को कोसती हैं, फिर अपने भाग्य को। चौदह बरस कब पूरे होंगे, कब अपने राम को देख पाऊंगी?

मैं राम समझ नहीं पा रहा था, मां कौशल्या कैसे अपनी प्रकृति के विपरीत विचार-वाणी व्यक्त कर रही थीं। कौन रोकेगा उन्हें, कौन समझाएगा?

उसी समय माता सुमित्रा का प्रवेश होता है। वे बहुत कम बोलती हैं। मैं तो सोचता हूं, जब कभी रामकथा लिखी जाएगी, लेखकों को मां सुमित्रा के बोल ढूंढने के लिए गहरा गोता लगाना पड़ेगा। बेटा तो उनका भी वन गया है। दो समय उनकी करुण वाणी सुनाई देती है- पहली बार तब, जब लक्ष्मण को मेरे साथ विदा किया, और अब आज।

सुमित्रा- बहन कौशल्या, आप अपने पुत्र को साधारण राजकुमार न मानें। वो पुरुषोत्तम है, और हमारे भाग्य से पुत्ररूप में हमें प्राप्त हुआ है।

रामकथा में राम की महत्ता को क्रमानुसार अलग-अलग पात्रों ने स्थापित किया है। सबसे पहले गुरु विश्वामित्र ने संसार के सामने राम को प्रकट किया, उस पराक्रमी राम को। फिर जनकराज ने राम को जग के सामने नई शक्ति का उदय रूप दिया। परशुराम ने राम को स्वीकार कर सारी राजसत्ताओं को समझाया। अवध के राजकुमार राम लोकाभिराम हो गए। उसके बाद तो हनुमान राम की ख्याति को मानो उड़ाकर ले गए। अनंत उड़ान पर।

सुमित्रा के शब्दों ने प्रभाव दिखाया, कौशल्याजी समझ गईं मेरा राम अतुलनीय है। उसका कोई कभी कुछ नहीं बिगाड़ पाएगा। वह जैसा गया है, उससे भी अधिक होकर लौटेगा। देवी सुमित्रा अपने आप में स्पष्ट थीं। वे राम को ईश्वर ही मानती थीं और इसीलिए पुत्र लक्ष्मण को उन्होंने रामसेवा में समर्पित कर दिया।

समय चलता गया, और हमारे वनवास की पहली रात थी, जो तमसा नदी के तट पर बिताई गई।

मैं और लखन तो वन का स्वाद पहले भी चख चुके थे, गुरु विश्वामित्र की कृपा से। परंतु सीता के अनुभव का यह पहला सोपान था। मुझे प्रकृति से असीम प्रेम है। तमसा तट के प्राकृतिक दृश्य मुझे लुभा रहे थे। उसी समय सूनी अयोध्या की याद भी शूल की तरह चुभ रही थी।

राम और प्रकृति एक-दूसरे को सान्निध्य दे रहे। राम वनवास के निर्णय से अवधवासियों की आंखें तो आंसुओं से नम थीं, पर प्रकृति के नेत्र सूखे थे। छोटे दुख में आंसू काम आते हैं, पर दुख बड़ा हो तो वो भी सूख जाते हैं। प्रकृति सोच नहीं पा रही, चौदह वर्ष राम का सान्निध्य सुख है या दुख।

रात बीत रही। साथ आए अयोध्यावासी सो गए। थककर या टूटकर सोए, वे ही जाने, पर सब गहरी नींद में थे। सीता झपकी ले रही, मुझे नींद नहीं आ रही। सुमंत्र-लक्ष्मण आपस में बात कर रहे।

मैंने अपने प्रेमी लोगों को बेसुध सोते देखा। मुझे लगने लगा था कि ये लोग अपने प्राण त्याग देंगे, पर मुझे नहीं छोड़ेंगे। क्या करूं? और, मैंने अपना निर्णय ले लिया। लखन-सुमंत्र से कहा तुरंत रथ ले आइए। हम इन्हें यहीं ऐसे ही सोते हुए छोड़कर आगे बढ़ जाएंगे।

लखन ने सहजभाव से प्रश्न भी किया- आखिर आगे हम जाएंगे कहां? मेरे मुंह से सहज निकला- यह न मैं जानता हूं, न तुम। सुमंत्र भी नहीं। अब तो तमसा-गंगा मैया ही जानती है, कहां जाना है। वे ही हमें ले जाएंगी,

पहुंचाएंगीं। बस, शंकरजी के चरणों में शीश नवाकर हम तीनों मंत्री सुमंत्र के साथ चल पड़े।

सवेरा हुआ, सब जागे। तब बहुत शोर मचा, राम कहां गए चले गए? हमें यहीं छोड़कर? सब स्तब्ध, जैसे किसी व्यापारी का जहाज डूब गया हो। सब एक-दूसरे को समझाते हैं। श्रीराम ने हमें इसलिए छोड़ दिया कि हमें अब और अधिक दुख न उठाना पड़े। भारी मन से सब अयोध्या की ओर चल पड़े। रुकते, मुड़ते, पीछे देखते, फिर चल पड़ते।

यहां सबको एक सबक मिल गया कि नींद शत्रु है, भक्ति की। भक्ति के मार्ग में जो सो गया, उसका राम चला जाता है। आज नींद इनको भी राम से अलग कर गई।

यात्रा निरंतर थी, शाम हो गई। हम रुके, दूर से अपने पूर्वजों की प्रतापी नगरी की ओर देखा, प्रणाम किया। अयोध्या को हृदय में रखकर अयोध्या से दूर जाना? आज मेरी बड़ी परीक्षा थी।

मेरी अयोध्या में अनेक देवी-देवता निवास करते हैं। सबको प्रणाम। मेरे परिवार की, मेरे अवधवासियों की रक्षा करना। लौटने पर सबसे मिलवा देना हे देव। इसी चिंतन के बीच रथ कोसल (कौशल) देश की सीमा को पार कर जाता है। अयोध्या आज्ञा देती है- अब जाओ राम।

अब हमारे जीवन में वन, दिन की यात्रा, रात्रि का विश्राम, गुह का मिलना, मित्र बनना। यह सब चलता रहा।

मैं उस दिन चौंक गया, जब अनुज लक्ष्मण ने रात की चर्चा में अवध की चिंता पाली। लखन का कहना था- पिता दशरथ इतने कोमल हृदय हैं, यह आघात क्या वे सह

पाएंगे? बड़े संकल्पों के साथ उन्होंने संतान प्राप्त की थी। लक्ष्मण का आशावादी मन भी आज शंकित था।

शंकित लक्ष्मण के बाद मेरी दृष्टि चिंचित सुमंत्र पर गई। वे परेशान थे। अब उन्हें भी लौट जाना है। मैंने आदर से उनकी पीठ पर हाथ रखा और निवेदन किया- आपको जाकर सबका ध्यान रखना है। पिताजी तो आपके ही भरोसे रहते हैं। हम यहां अपनी निपट लेंगे, आप जाकर वहां सबको संभालिए। लेकिन सुमंत्र की व्याकुलता बढ़ती गई। उन्होंने हठभरा प्रस्ताव रख ही दिया- मुझे भी अपने साथ वन में ले चलिए।

मैंने दृढ़ता से उत्तर दिया- तात, आपकी सेवाओं की आवश्यकता यहां नहीं, वहां अधिक है। मेरी बात सुन वे बालक की तरह रो पड़े। मैंने समझाया- आपने तो धर्म के सिद्धांतों को छान डाला है। हमारे वंश के अनेक राजा हुए हैं, जिन्होंने सत्य के लिए संकट सहे हैं। सत्य के समान धर्म नहीं और यह धर्म मैंने सहज में पा लिया है। इसका त्याग करने से अब तीनों लोक में अपयश छा जाएगा।

प्रतिष्ठित पुरुष के लिए अपयश मृत्यु के समान है। कृपया मुझे न समझाएं और आप ही समझें।

ये सब बातें लक्ष्मण सुन रहा था। अचानक आवेश में आ गया। लखन के आक्रोश में उसकी वाणी भी विचित्र सक्रिय हो जाती है। वह शब्दों को भी शस्त्र बना लेता है। मुझे उसे भी रोकना पड़ा और सुमंत्रजी से निवेदन करना पड़ा- कृपया पिताजी को यह सब न बताइएगा।

सीता ने भी उन्हें समझाया। फिर हमने उन्हें छोड़ा और गंगा पर गए। निषादराज गुह को भी विदा कर दिया और हम

आगे बढ़ते जा रहे थे। गुह के साथ मेरा मन भी चला गया फिर पीछे-पीछे। गुह हमारा मित्र यानी समाज में समरसता।

सुमंत्र प्रतीक्षा कर रहे थे। निषादराज ने फिर उन्हें विदा किया। भयानक संताप के साथ सोचते-विचारते सुमंत्र अयोध्या के निकट पहुंचे। सारा दिन एक पेड़ के नीचे बैठकर बिताने के बाद रात के अंधेरे में अयोध्या में प्रवेश किया।

सोचा तो यह था कि चुपके से प्रवेश कर जाऊंगा महल में, लेकिन नगर के व्याकुल स्त्री-पुरुष आ गए, घेर लिया रथ को। राजमहल में सूचना पहुंच गई सुमंत्र आ गए हैं, लेकिन अकेले।

रानियां पूछ रहीं, सुमंत्र को कुछ सुनाई-दिखाई देना बंद-सा हो गया। प्रश्न के प्रतिप्रश्न में उन्होंने सबसे एक ही बात पूछी- राजा कहां हैं? बताया गया कौशल्या के महल में।

वहां जाकर जब राजा को देखा तो ऐसा लगा, जैसे बिना अमृत के चंद्रमा। सबसे पीड़ाजनक दृश्य यह था कि राजा शैया छोड़ धरती पर पड़े थे। चक्रवर्ती सम्राट दशरथ, जिनके सम्मान में इंद्र भी अपना सिंहासन खाली कर दिया करते थे, वे आज इस हाल में!

दुख भी जीवन में क्या-क्या दृश्य दिखाता है। शोकाकुल माता कौशल्या कुछ बोलने-कहने की अवस्था में नहीं थीं। फिर भी धैर्य छोड़ कटाक्ष कर जाती हैं- राजन्, आप जो महामंत्री से पूछना चाहते हैं, पूछ लें। कैकयी यहां नहीं है। नि:संकोच खुलकर पूछ लीजिए।

राजा इस तीखे तेवर को समझ गए। इधर मां कौशल्या को तत्काल अनुभूति हुई, यह कैसा वाणी दोष हो गया

मुझसे! क्षमा-याचना की मुद्रा में आ जाती हैं। दशरथ दुखी मन से सुमंत्र से पूछते जाते हैं और सुमंत्र बताते जाते हैं, अयोध्या से जाने के बाद क्या-क्या हुआ वन में।

न चाहते हुए भी सुमंत्र बोल ही गए कि लक्ष्मण ने पूछा है- पिताजी, बताएं किस अपराध के कारण आपने निरपराध राम को वनवास दिया? मैं आपको न पिता मानता हूं, न राजा।

सुनकर दशरथ शोक सागर में और गहरे डूब गए। कौशल्या का सात्विक आवेश देखकर अब सुमंत्र चुप हो गए। जो बताया जा सकता था, वह सब बता दिया गया।

किसी प्रकार साहस बटोरकर सुमंत्र अपने वार्तालाप को पूर्णता प्रदान करते हैं। अपने राजा से विनीत मुद्रा में व्यक्त करते हैं- महाराज, आप शूरवीर हैं, धैर्यवान हैं। आपने सदा साधुओं के समाज का मन, क्रम, वचन से पालन किया है। इस होनहार पर विवेक से विचार कीजिए, शोक का परित्याग कीजिए। मंत्री की वाणी शांत हुई और राजा की पीड़ा बढ़ गई।

मैं राम सोच रहा हूं और मेरे मानस पटल पर दिख रहा है, अब पूरी अयोध्या रो दी। अवध के उस विलाप को सुनकर दुख को भी दुख लगने लगा। धीरज का भी धीरज भाग गया। पिता राजा दशरथ के प्राण कंठ में आ गए। दृश्य देख कौशल्याजी ने हृदय में जान लिया, सूर्यवंश का सूरज अब अस्त होने वाला है।

2. दशरथ का देवलोक गमन

इस विवशता में विवेक रख कौशल्या कहती हैं- राजन, अयोध्या एक जहाज है। राम का वियोग अपार सागर है और आप इस जहाज को खेने वाले हैं। हम सब प्रजा, यात्रियों का समाज है। आप धीरज रखेंगे तो हम सब पार लग जाएंगे, नहीं तो सारा परिवार, सारी अवध डूब जाएगी।

मैं राम इस दृश्य को अपने अंतरमन में निरंतर देख रहा था। ऐसा तो होना था, पर इतना पीड़ादायक होगा, यह कल्पना से परे था।

मां कौशल्या समझाने का प्रयास करती रहीं, पर पिता क्या समझते? बोले- कौशल्या, मुझे कुछ दिखाई नहीं दे रहा। हां, एक पुरानी घटना याद आ रही है। श्रवणकुमार के अंधे-तपस्वी पिता की शाप वाली बात माता कौशल्या को बताते हैं।

दशरथ को याद आया अनजाने में जो पाप हुआ, उसके भोगने का समय आ गया है। पिता रानी कैकयी से कह चुके थे राम के राजतिलक के लिए जो सामग्री लाई गई है, उसे मेरे दाह संस्कार में उपयोग में लाई जाए। अब वे पूरी तरह से विधि का विधान स्वीकार कर रहे थे।

पांच दिन बीत चुके थे, पर छठी रात अयोध्या के लिए काटे नहीं कट रही। और अब राजा की चिरनिद्रा की घड़ी

आ गई। उनकी देह में जो राम-रसायन संचारित था, उसने शब्द लिए। छह बार मुंह से राम नाम निकला और संसार से विदा हो गए। रानियों को भनक भी नहीं लगी। उधर राम ने राज त्यागा और इधर पिता ने प्राण छोड़ दिए।

भोर हुई। दशरथजी की देह में चेतना नहीं थी। राजा को गहरा आघात लगा है, यह तो सब जानते थे, लेकिन इस आघात को प्राणों से जोड़कर देह त्याग देंगे, यहां तक किसी ने नहीं सोचा था।

राजा क्यों नहीं उठे अब तक? यह सवाल सबने एक-दूसरे से पूछा। राजा अब कभी नहीं उठेंगे, यह उत्तर प्राप्त होते ही सारा राजनिवास, अयोध्या नगरी चित्कार उठी। अवधेश दिवंगत हो गए और अयोध्या अनाथ।

जिधर देखो, रुदन और सिर्फ रुदन। क्रंदन में कैकयी कोसी जा रही थी। कब तक विलाप चलता? नई चर्चा छिड़ गई उत्तराधिकारी कौन, कहां है?

भाग्य के खेल देखिए। दशरथजी ने तप से चार संतान (पुत्र) प्राप्त की। और, अंत समय में एक भी पुत्र आसपास नहीं।

राजपुरोहित मार्कण्डेय, मौदगल्य, वामदेव, कश्यप, कात्यायन, गौतम, जाबालि जैसे तपस्वियों ने कुलगुरु वशिष्ठ से विमर्श किया- राजगादी सूनी नहीं रहना चाहिए। अविलंब निर्णय हुआ, दूत बुलाए गए। समझाया- शीघ्र जाओ, भरत और शत्रुघ को साथ लेकर आओ। उन्हें दी जाने वाली सारी सूचना संक्षेप में और सारगर्भित हों।

सिद्धार्थ, विजय, जयंत, अशोक और नंदन नाम के पांच राजदूत कैकयराज के लिए चल दिए। (उसी रात नाना

के यहां भरत को भयानक स्वप्न आया) दूतों ने जाकर सूचना दी, गणेशजी को सिर नवाकर दोनों भाई शीघ्र चल पड़े नगरी अयोध्या की ओर।

नगरी में प्रवेश करते ही अपशकुन होने लगे। नदी–तालाब, वन–बगीचे सब शोभाहीन हो गए। नगर के नर–नारी तो ऐसे लग रहे थे मानो सब अपनी संपत्ति हार बैठे हों। मेरे भाई भरत ने जीवन में पहली बार ऐसी अवध देखी थी। उनके मन में इतना भय और विषाद था कि किसी से कुछ पूछ नहीं पा रहे थे। कदम उठाए नहीं उठ पा रहे थे।

सबसे पहले पिता के महल में पहुंचे। वहां उन्हें न पाकर माता कैकयी के महल में गए। क्योंकि मैं राम अधिकांश समय वहीं रहता था।

कैकयी सुसज्जित राजसिंहासन पर बैठी थी। भरत के वहां पहुंचते ही प्रसन्नता से आलिंगन में लिया। भरत का माथा ठनका। अयोध्या उदास, मां प्रसन्न! हमारी नगरी उजाड़, इनका महल सुसज्जित! किसी प्रकार धीरज धर पूछा– मां, पिताजी कहां हैं, भैया राम क्यों नहीं दिख रहे.?

कठिन प्रश्न का बड़ी सरलता से उत्तर देती है कीर्तिकामिनी कैकयी। कहती है–देखो बेटा, जिसका भी जन्म होगा, उसकी मृत्यु भी निश्चित है। तुम्हारे पिता महाराज दशरथ उस अंत को प्राप्त हो गए, जो अनंत है। वे हमें छोड़कर चले गए। अगले ही क्षण बोलती है– लेकिन, मैंने तुम्हारे लिए कुछ बचा लिया है।

अब भरत को इन कठोर और कुटिल शब्दों का भाव समझ में आने लगा। कैकयी ने आरंभ से अंत तक सारा घटनाक्रम सुना दिया।

राम का वनगमन सुन भरत पिता का निधन भूल गए। भीतर तक हिल गए कि इस सबका कारण मैं रहा और कर्म में मां कैकयी। सन्न हो गए।

मां कैकयी समझाने लगी और भरत बोल उठा– पापिनी, तूने सारे कुल का नाश कर दिया।

3. भरत अवध में

माता की कुटिलता पर दोनों भाइयों के अंग-अंग जल रहे थे और उसी समय उन्हें मंथरा दिखाई पड़ी जो सुंदर गहने, सुगंधित वस्त्र पहने हुए बड़ी शान से चलती हुई पूरब के द्वार से इस ओर आ रही थी। ऐसी लग रही थी जैसे रस्सी से बंधी हुई सजी-धजी बंदरिया।

उसी समय एक द्वारपाल ने मंथरा को पकड़ा और राजकुमार शत्रुघ के सामने लाकर खड़ी कर दी। द्वारपाल ने टिप्पणी की राजकुमार, यही वह कुलटा है जिसके कारण अयोध्या को आज यह सबकुछ देखना पड़ रहा है। उस कुब्जा के आसपास कुछ और स्त्रियां भी थीं, जो उसकी रक्षा भी करती थीं, प्रशंसा भी करती थीं।

सबसे पहले तो शत्रुघ ने उन स्त्रियों को मंथरा से अलग कर दिया और फिर उस कुबड़ी को लात मारी और वह घुटनों के बल गिर गई। उसका कुबड़ टूट गया, कपाल फूट गया, दांत टूट गए, मुंह से रक्त बहने लगा, और चीख उठी।

जब कैकयी ने मंथरा की चित्कार सुनी तो कक्ष से बाहर आई और दृश्य देखा तो चौंक पड़ी, लेकिन अपने पुत्रों को कुछ कह नहीं पाई। चुपचाप खड़ी देखने लगी और चेहरे की कांति कालिख में बदल गई।

कैकयी सोचने लगी शत्रुघ्न सुमित्रा का बेटा है, इससे तो मैं क्या कहूं और मेरे बेटे (भरत) ने तो मुझसे बात करने से ही इनकार कर दिया, तो उससे भी कुछ नहीं कह सकती। कैकयी की वह कार्यसाधिका मंथरा रानी के चरणों में गिर गई, कहने लगी- मेरी रक्षा कीजिए। फिर एकदम से चिल्लाने लगी हाय... देव! मैंने क्या बिगाड़ा, जो भला करते हुए बुरा फल पाया।

इतना सुनते ही नख से शिखा तक दुष्ट जानकर शत्रुघ्न उसकी चोटी पकड़-पकड़कर घसीटने लगे। तब भरत ने उनको रोकते हुए कहा- देखो भाई, महिला का वध करना बहुत बड़ा पाप है। क्रोध तो मुझे भी बहुत आ रहा है। यदि मेरे वश में होता, तो मैं इसको तो क्या, मां कैकयी को भी मृत्युदंड दे देता।

लेकिन तुम जानते हो, यह बात जब भैया राम को पता चलेगी, तो वे हमसे बहुत क्रोधित होंगे। हो सकता है, हमसे बात भी न करें।

मैं राम, आज इस चर्चा को अनुभूत कर मन ही मन संतुष्ट हो गया कि मैंने छोटे भाइयों को नीति और प्रीति में जो कुछ भी सिखाया, उसे वे भूले नहीं हैं। भरत वही कह और कर रहे थे।

अब भरत और शत्रुघ्न दोनों भाई सीधे माता कौशल्या के महल की ओर चल दिए। इधर अभी जो शोर कैकयी महल से निकला उसे सब सुन रहे थे। पूरी अयोध्या की दृष्टि कैकयी के महल पर इसलिए टिकी थी कि भरत और शत्रुघ्न सीधे वहां गए। कुछ लोग तो यहां तक मान बैठे थे कि इस षड्यंत्र में भरत भी शामिल है।

जब भरत बाहर निकले तो कुछ मंत्री, अयोध्या के कुछ प्रतिष्ठित व्यक्ति प्रतीक्षा कर रहे थे। भरत का कंठ गदगद, नेत्र सजल थे और तुरंत स्पष्टीकरण देते हुए कहा- मुझे ज्ञात नहीं है, ऐसा क्यों हुआ। यह जो कुछ भी हुआ, मेरी अनुपस्थिति में हुआ है। भैया राम, लक्ष्मण और भाभी सीता चले गए, यह मेरे लिए मृत्युतुल्य पीड़ादायक घटना है।

तब लोगों को कुछ भरोसा होने लगा भरत के पक्ष में।

ये सारी बातें स्पष्ट रूप से कौशल्याजी के महल में भी पहुंच रही थीं। वहां उपस्थित माता सुमित्रा ने कहा- क्रूरकर्मा कैकयी का पुत्र भरत आ गया है। दोनों माताएं उठकर कक्ष से बाहर आती हैं। इधर भरत-शत्रुघ्न भी वहां पहुंच जाते हैं और सबका मिलन हो जाता है।

माता कौशल्या मैले वस्त्र पहने थीं, चेहरे की सारी रंगत उड़ चुकी थी। दुख के बोझ से सारा शरीर सूख-सा गया। भरत को देखा तो थोड़ा दौड़ीं, लेकिन मूर्छित होकर वहीं गिर पड़ीं।

दोनों भाई मां कौशल्या के चरणों में गिरते हैं, उनकी गोद में सिमट जाते हैं। कौशल्या आंखें खोल भरत से कहती हैं- तुम्हारी मां कैकयी ने तुम्हें राजा बनाने के लिए पूरे राज्य को नष्ट कर दिया है। हे भविष्य के अवधेश, मैं हाथ जोड़कर कहती हूं, शीघ्र राजा बन जाओ और मेरे वनवासी पुत्र राम को वापस ले आओ। यदि तुम ऐसा नहीं करते हो तो मैं भी अपने पुत्र के पास वन को चली जाती हूं।

हम वहां वन में भटकेंगे, तुम यहां कैकयी के साथ चैन राजसुख भोगना।

भरत पहले ही बहुत दुखी थे। मां कौशल्या की ऐसी बातें सुनकर और टूट गए। कैसे समझाऊं इनको? दोनों घुटने धरती पर टिकाए और हाथ जोड़कर पूछते हैं- मां, पिताजी कहां हैं? मेरे बड़े भैया राम, भाभी सीता, लक्ष्मण कहां हैं, कृपया आप मुझे उनसे मिला दीजिए।

कैकयी जैसी स्त्री इस जगत में क्यों जन्मी, और यदि जन्मी ही है तो बांझ क्यों न रह गई। जिसने कुल के कलंक-अपयश के भागा और प्रियजनों के द्रोही मुझ जैसे पुत्र को जन्म दिया। मां, तीनों लोकों में मेरे समान अभागा दूसरा कौन होगा, जिसके कारण आपकी यह दशा हो गई।

पिताजी स्वर्ग चले गए, श्रीराम वन में हैं और केतु के समान मैं ही इन सब अनर्थों का कारण हूं। मुझे धिक्कार है। राजद्रोह, प्रजाद्रोह, गुरुद्रोह, पित्रद्रोह, मित्रद्रोह, पुत्रद्रोह ऐसे दुष्कृत्यों का जो भी परिणाम हो, वह इस रामद्रोही भरत को मिलना चाहिए। मैं शपथ खाकर कहता हूं, मां कैकयी के इस कुटिल कर्म में मेरी कोई भूमिका नहीं है।

भरत के ये वचन सुनकर माता कौशल्या संभलीं और दोनों भाइयों को हृदय से लगाकर बिलख पड़ीं। अब राममाता कौशल्या अपनी वाणी प्रकट कर धीरज देते हुए भरत से कहती हैं- बेटा भरत, बुरा समय जानकर शोक त्याग दो। काल और कर्म की गति अमिट जानकर हृदय में हानि और ग्लानि मत लाओ। किसको-क्या दोष दें, विधाता मुझ पर सब प्रकार से उल्टा हो गया है। पता नहीं क्या चाहता है।

पिता की आज्ञा से राम ने भूषण व वस्त्र त्याग दिए और वल्कल वस्त्र पहन लिए। राम के हृदय में उस समय न कोई विषाद था, न ही हर्ष। उसका मुख प्रसन्न था, मन में न

आसक्ति थी, न द्वेष। सबको सब प्रकार संतुष्ट कर राम वन के लिए निकल गया पुत्र। सीता और लक्ष्मण भी साथ चले गए। ये सब इन्हीं आंखों के सामने हुआ तो भी मेरे अभागे जीव ने शरीर नहीं छोड़ा।

माता कौशल्या की बात सुनकर तो सारा राजमहल शोक का वास बन गया। सब एक-दूसरे को समझा रहे थे। सारी रात बैठे ही बैठे बीत गई।

भरत-शत्रुघ्न दोनों भाई गुरु वशिष्ठजी के सामने हाथ जोड़कर खड़े हो गए। गुरुजी ने मंत्रियों-महाजनों को बुलाया और भरत को उपदेश दिया- हृदय में धीरज धरो और आज जो कार्य करने का अवसर है, उसे पूरा करो। सबका मंगल करेंगे मंगलमयी भगवान। तुम राजपुरुष हो। तुम्हारे पिता ने देह त्याग दी है। राम यहां हैं नहीं, ऐसे में अब उनकी अंत्येष्टि तुम्हारा परम कर्तव्य है।

वेदों में बताई गई विधि से राजा की देह को स्नान करवाया गया। परम विचित्र विमान बुलाया गया और सरयू के तट पर पिताजी की अंतेष्टि का सारा कर्मकांड संपन्न कर दिया गया। अयोध्या की धरती ने कभी कल्पना भी नहीं की थी कि दशरथ जैसे चक्रवर्ती सम्राट को संसार से इस प्रकार से जाना पड़ेगा।

दस दिन तक कर्मकांड चला। गुरु वशिष्ठ ने जहां-जैसी आज्ञा दी, भरत करते चले गए। गुरुजी ने मंत्रियों और महाजनों को एक बार फिर राजसभा में बुलाया।

सभा में सभी लोग बैठे हुए थे। वशिष्ठजी ने भरत को अपने पास बैठाया और नीति तथा धर्म से भरे हुए वचन कहते हुए बोले- सुनो भरत, होनहार बड़ी बलवान है।

हानि-लाभ, जीवन-मरण और यश-अपयश सब विधाता के हाथ में है। तो फिर दोष किसे दिया जाए, किस पर व्यर्थ क्रोध किया जाए? अब पिता के प्रति बहुत अधिक शोक मत रखो और अपने राजधर्म का पालन करो।

तुम्हारे पिता जैसा तो राजा न हुआ, न है और न ही भविष्य में कोई होगा। उनकी बढ़ाई कोई किस प्रकार करेगा, जिनके राम, लक्ष्मण, तुम और शत्रुघ जैसे आदर्श पुत्र हों। राजा बड़े बड़भागी थे। उनके लिए अत्यधिक विषाद करना उचित नहीं। उनकी आज्ञा सिर पर रखकर अब उनके अनुसार काम करो।

राजा ने यह राजपद तुम्हें दिया है। पिताजी का वचन तुम्हें सत्य के साथ पूर्ण करना चाहिए। राजा को अपने प्राणों से अधिक वचन प्रिय थे। जिस वचन के लिए राम को त्याग दिया, अपनी देह छोड़ दी, अब उनके वचनों को तुम्हें सत्य करना है।

सभा में उपस्थित मंत्रियों ने भी हाथ जोड़कर भरत से कहा- गुरु की आज्ञा का पालन कर राजपद संभालिए और जब श्रीराम लौटें तब जो उचित प्रतीत हो, वैसा कर दीजिएगा। माता कौशल्या ने भी समझाया- भरत, काल की गति को जानकर और मानकर विषाद त्याग दो, गुरु की आज्ञा का पालन करो। अवध की प्रजा और माताओं के अब तुम ही एकमात्र सहारे हो।

धर्म की धुरी को धारण करने वाले भरत धीरज धरकर कमल के समान हाथ जोड़कर अपनी वाणी को अमृत में भिगोकर सबको यथोचित उत्तर देने लग गए। यह भरत वाक्य किसी भी परिवार व्यवस्था के लिए आचार संहिता बन जाता है।

भरत कहते हैं- गुरुजी ने मुझे सुंदर उपदेश दिया। उनकी वाणी को मैं शिरोधार्य करता हूं। आप मुझे वही शिक्षा दे रहे हैं, जिसके अनुसार आचरण करने से मेरा भला हो, परंतु मेरी एक विनती और सुन लीजिए कि मेरी योग्यता के अनुसार मुझे शिक्षा दीजिए।

पिताजी स्वर्ग में हैं, भैया राम, सीताजी व लखन वन में हैं और मुझे आप अयोध्या पर राज करने को कह रहे हैं? मेरा कल्याण इसमें नहीं है। मेरा कल्याण तो सीतापति रामजी की चाकरी में है। माता कैकयी की कुटिलता ने राम के अधिकार को छीना है। तो रामसेवा के अलावा मुझे और किसी कार्य में कल्याण नहीं दिखता। आप सब मुझे आज्ञा दीजिए कि मैं श्रीराम के पास वन जाऊं। मेरा हित इसी में है।

जीवन का उत्तम लाभ तो भाई लक्ष्मण ने पाया, जिन्होंने सबकुछ तजकर श्रीराम के चरणों में मन लगाया। मेरा जन्म तो राम के वनवास के लिए ही हुआ था। मैं अभागा आप सबके चरणों में शीश नवाकर अब सिर्फ इतना कहूंगा कि श्रीराम चरणों के दर्शन किए बिना मेरे जी की जलन नहीं जाएगी। मुझे दूसरा कोई उपाय सूझ भी नहीं रहा। भैया राम के बिना मेरे हृदय की बात कौन जान सकता है।

अब मन में निश्चयपूर्वक एक बात कहता हूं कि प्रात:काल होते ही मैं प्रभु श्रीराम की ओर चल दूंगा। यद्यपि मेरा जन्म कुमाता से हुआ है और मैं दुष्ट तथा सदा दोषयुक्त भी हूं, तो भी मुझे श्रीराम पर भरोसा है कि वे मुझे अपना जानकर त्यागेंगे नहीं।

भरत जैसे-जैसे बोलते जा रहे थे, सब लोग उनके प्रेमरूपी अमृत वचन सुनकर भीग गए। उनकी सराहना करने

लगे। मंत्रीगण कहने लगे आपने बहुत अच्छी युक्ति विचारी है। अब वन को अवश्य चलिए, जहां प्रभु श्रीराम हैं। शोकसमुद्र में डूबते हम सब लोगों को आपने बड़ा सहारा दे दिया है। फिर सब लोग अपने-अपने घर चले गए।

4. विनय यात्रा

सारी अयोध्या भरत के साथ वन जाने (मेरे पास आने) की तैयारी में लग गई। जिसको भी घर की रखवाली करने को कहो, वही समझ रहा था मेरी गर्दन काट दी गई। भरत ने जो जिस योग्य था, उसे काम पर लगाया, बाकी सारी व्यवस्थाएं की और राजमाता कौशल्या के पास पहुंचे।

उनसे निवेदन किया, उनके लिए पालकी सजाई गई। सारी रात जागते-जागते ही सवेरा हो गया। फिर मंत्रीगण और सेवकों को आज्ञा दी राजतिलक का सामान साथ ले चलो। वहीं वन में गुरुदेव वशिष्ठजी भैया श्रीराम का राजतिलक करेंगे।

वनयात्रा की तैयारी का जो आदेश भरत ने दिया तो राजकाज करने वाले प्रधान मंत्रियों ने उनसे कहा कि आपकी आज्ञा अनुसार कुशल कर्मचारियों को इस काम के लिए पहले से नियुक्त कर दिया गया है। कारीगरों को वनमार्ग ठीक करने के लिए निर्देश दे दिए हैं। जहां-जहां मार्ग में पड़ाव बनेंगे, उसकी भी व्यवस्था जुटा दी गई है।

वनयात्रा और भगवान के दर्शन ये दो भाव लेकर सब चल पड़े थे। इसी राम-लालसा के साथ पूरी अयोध्या मेरी ओर बढ़ी आ रही थी।

कुछ लोग पैदल थे, कुछ घोड़ों पर, कुछ हाथियों पर तो कुछ रथ-पालकी में। सबका एक ही लक्ष्य था- राम

मिलेंगे, राम दिखेंगे। जब सारी सेना गंगातट पर श्रृंगवेरपुर में रात बिताती है, तो निषादराज गुह के मन में संदेह आ जाता है- इतनी विशाल सेना लेकर भरत क्यों जा रहे हैं?

देखिए, राम से मिलने चलो तो भी कभी-कभी अच्छे मन के अपने लोग भी बाधा पहुंचा देते हैं। गुह के साथ ऐसा ही हो रहा था। उसने तो अपने समाज बंधुओं को कह दिया था कि सब लोग मरने की तैयारी कर लो। मैं भरत से युद्ध करूंगा, लेकिन राम को हानि नहीं पहुंचाने दूंगा।

निषादराज के वीरों का दल तैयार हो गया कि आज भरत से युद्ध होकर ही रहेगा। तब गुह ने कहा लड़ाई का ढोल बजाओ, और उसी समय बांई ओर छींक हो गई। शकुन-अपशकुन विचारने वालों ने कहा- संकेत अच्छा है, जीत अवश्य होगी।

तब एक बूढ़े व्यक्ति ने कहा एक बार विचार कर भरत से मिल लीजिए। हो सकता है, वे श्रीराम को मनाने जा रहे हों। शकुन ऐसा भी बता रहा है कि विरोध नहीं है।

तब निषादराज गुह ने कहा- यह वृद्ध ठीक कह रहा है। बिना विचारे किया गया काम मूर्खता पूर्ण होता है। हम पहले भरत के स्वभाव और उद्‌देश्य को ठीक से जान लें, फिर आवश्यक हुआ तो युद्ध का निर्णय लेंगे।

सेना के सामने जाकर जब गुह ने अपना परिचय दिया तो भरत ने उनको हृदय से लगा लिया। निषादराज ने कहा इतनी बड़ी सेना देखकर हम भी भ्रम में आ गए कि यह विनय यात्रा है या विजय यात्रा। गुह भरत की प्रशंसा करते हैं और रात वहीं बिताने का निर्णय लेते हैं।

रातभर निषादराज के मुंह से भरत ने हमारे वनवास की कहानी सुनी। फिर यह विनययात्रा महर्षि भरद्वाज के आश्रम पर जाती है। सेना का रुख देखकर महर्षि के मन में भी संदेह उत्पन्न होता है। परम ज्ञानी भी शंकाग्रसत हो जाते हैं, जब भगवान की बात आती है।

भरत मन ही मन सोच रहे थे, इन्हें कैसे समझाऊं? संसार को सत्य समझाना बड़ा कठिन हो जाता है। सत्य कितना ही सच्चा हो, पर दुनिया तो झूठी है। इस झूठी दुनिया को सच्चाई का बोध करवाना बड़ा दुष्कर है। ईश्वर की कृपा हो तो ही यह सरल और संभव होगा।

अयोध्या चल रही थी, अयोध्या देख रही थी, अयोध्या सुन रही थी, अयोध्या सोच रही थी- भरत को क्या-क्या देखना पड़ रहा है, क्या-क्या करना पड़ रहा है। भरद्वाजजी समझाते हैं और यात्रा धीरे-धीरे चित्रकूट की ओर बढ़ जाती है।

भरद्वाजजी के आश्रम में पूरी अयोध्या स्वादिष्ट भोजन और अन्य सुविधाएं प्राप्त कर लेती हैं। कुछ राजकीय कर्मचारी, अयोध्यावासी निवासी सोचने लगे इतनी सुविधा इस आश्रम में है तो क्या करेंगे आगे चित्रकूट जाकर या पीछे अयोध्या जाकर। सब चकित थे। किसी ऋषि के आश्रम में इतनी व्यवस्थाएं कैसे संभव हैं।

सबको ऐसा भी लग रहा था कि अयोध्या के राजभवन में, अयोध्या के मकानों में जो भोग-सुविधाएं हैं उनमें स्वाद तो है, पर अनुभूति यहां आकर मिली। यहां का आनंद एकदम निरपेक्ष और शरीर से आगे बढ़कर आत्मा तक ले जाने वाला है। सचमुच आश्रम ऐसा था कि उसके सामने इंद्र, वरुण, यम, कुबेर, सभी लोकपालों के लोग तुच्छ जान

पढ़ते थे। मुनि भरद्वाजजी ने तपोबल से ब्रह्मा को भी चकित कर देने वाला वैभव रच दिया था।

अयोध्या सोच रही थी हमारे राम, सीता और लक्ष्मण ऐसे ही सात्विक वैभव का अनुभव कर रहे होंगे। संभवत: वन जीवन इसी को कहते हैं।

इधर लक्ष्मण और सीता के साथ हमने कामत गिरि पर्वत से देखा कि भारत सेना सहित आ रहे हैं। अयोध्या को इस रूप में आता देखकर एक बार तो मेरा मन भी सोच में पड़ गया।

ऐसी स्थिति में कौन भ्रमित नहीं होगा? मैं और लखन भी चिंता में आ गए। एकदम ही लक्ष्मण के मुंह से निकल पड़ा- कुटिल-खोटे भाई भरत कुसमय देखकर और यह जानकर कि आप वनवास में अकेले हैं, अपने मन में बुरा विचार लेकर पूरी अयोध्या को इकट्ठा करके यहां आ रहे हैं।

यदि उनके ह्रदय में कपट और कुचाल न होती तो रथ-घोड़े और हाथियों की सेना लेकर क्यों आते? लेकिन, भैया भरत को ही व्यर्थ कौन दोष दे। राजपद मिल जाने के बाद तो हर कोई मतवाला हो जाता है। लक्ष्मण के भीतर मानो वीररस छा गया और गरजते हुए कह दिया मुझे रामजी की सौगंध है, मैं इन दोनों भाइयों को युद्ध में अवश्य मार डालूंगा।

तब मैंने लखन के कंधे पर हाथ रखकर समझाते हुए कहा- बात तो तुमने ठीक कही है, लेकिन भरत जैसा उत्तम पुरुष इस सृष्टि में न देखा गया, न सुना गया। भरत को राज्य का मद-मोह नहीं होगा और अगर तुम राज्य के कारण उससे लड़ना चाहते हो तो मैं स्वयं भरत से निवेदन

करूंगा कि वह राज्य, जिसका वह राजा बनाया गया है, तुम्हें दे देगा।

इधर सबको पर्वत के नीचे ठहराकर भरत और शत्रुघ्न पहाड़ पर चढ़ते हैं। जैसे ही दूर से हम दिखते हैं, मन में तो प्रसन्नता है, पर विचारों में शोक है। अंग-अंग व्याकुल है, क्या भैया राम मुझे स्वीकार करेंगे, क्षमा कर देंगे? आंखों में आंसू भर आए, दोनों हाथ पीछे करके भरत मेरे चरणों में गिर गया और मुंह से एक ही बात निकली- आर्य, भगवन। और हम दोनों भाई एक-दूसरे के गले लग गए।

दोनों भाइयों की मिलने की यह रीत देखकर सारे लोग बेसुध हो जाते हैं। फिर तो लक्ष्मण भी सबसे प्रेम से मिले। क्या दृश्य था। मैं राम, भरत के लिए, भाई भरत, राम के लिए त्याग कर रहे थे, आंसू बहा रहे थे।

इन दृश्यों को देखकर कहीं हम यह न भूल जाएं कि इस पुस्तक के केंद्र में चर्चा है, अयोध्या की। क्योंकि राम के मन-मस्तिष्क में अयोध्या घूमती रहती है। इसीलिए भरत को हृदय से लगाते समय वे बहुत भावुक थे। इसी भावुकता में वे सहज हुए और पहला प्रश्न पूछा- अयोध्या में पिताजी कैसे हैं? फिर बोले- भरत, तुम पिताजी को ऐसी स्थिति में अकेले छोड़कर, यहां क्यों चले आए? तुम ऐसा कैसे कर सकते हो?

मुझे शंका होने लगी भरत का चेहरा उतरा हुआ है। प्रश्न के उत्तर में भरत कुछ बोल नहीं पा रहे थे और मुझे कुछ अनिष्ट होने की आशंका दिख रही थी। आखिर मैंने ही बात आगे बढ़ाई और बोला- कहीं इस दुख के कारण पिताजी हम सबको छोड़कर तो नहीं चले गए? परंतु भरत अब भी चुप थे।

मैं आंखें बंद कर मन ही मन पूरी अयोध्या का दर्शन करता हूं। सूनी अयोध्या मेरे मस्तिष्क में, विचारों में उतर गई। फिर पूछा- भरत, पिताजी के अनुसार ही राज-काज चल रहा है ना? कोई ऐसा काम मत करना जो उनको पसंद न हो।

पिताजी को स्मरण करते-करते कुछ राजधर्म की बातें सहज ही मैं भाई भरत से करने लगा। समझाया- सबकी सलाह से ही काम करना। पिताजी जब भी कोई महत्त्वपूर्ण निर्णय लेते, मंत्री परिषद की सलाह अवश्य लेते थे। भरत, किससे क्या बात करना, कितनी करना-कितनी छुपाना इसका बहुत ध्यान रखना। हमारे राज्य में स्त्रियों का भरपूर सम्मान होना चाहिए, परंतु उन पर आवश्यकता से अधिक विश्वास भी नहीं करना चाहिए।

भरत सुनते रहे और जब मैं मौन हुआ तो उनकी आंखों से आंसुओं की धारा फूट पड़ी। उसी समय मुंह से बस इतना ही निकला- भैया, पिताजी हमें छोड़कर चले गए। सुनते ही कुछ देर के लिए मेरी सांस रुक गई।

हाथ जोड़कर भरत कहते हैं, बड़े भाई के होते हुए छोटा भाई राजा बने यह अनुकूल नहीं है। अब तो पिताजी की आत्मा को तब ही शांति मिलेगी, जब अयोध्या के राजसिंहासन पर आप विराजेंगे। भरत बोल रहे थे और मैंने मौन धर लिया।

भरत समझ गए, भैया कुछ कहना चाहते हैं। जब भरत रुके तो मैं बोला- हमारे पिता इस घटना से दिवंगत हो गए और मैं अभागा उनका अंतिम संस्कार भी अपने हाथों सें नहीं कर पाया। अब तुम कहते हो मैं राजगादी स्वीकार

करूं। जिस अयोध्या में अब पिताजी नहीं हैं, उसका राज लेकर मैं क्या करूंगा? जैसे यह सबकुछ मैं नहीं, मेरे भीतर से अयोध्या बोल रही हो।

समय बीत जाता है। दूसरे दिन जब सवेरा हुआ तो गुरु वशिष्ठजी ने आज्ञा दी और वेदों के अनुसार पिता की अंतिम क्रिया की गई। मैं, सीता और लक्ष्मण मंदाकिनी में स्नान कर पितृ-तर्पण करते हैं।

मैं इतना शोकाकुल हो गया कि सब सोचने लगे जिस व्यक्ति में जगतपति बनने की योग्यता हो, वह एक सामान्य पुरुष की तरह अपने पिता की स्मृतिपीड़ा में इतना टूटा-टूटा सा दिख रहा है। दिव्यता, भव्यता और सात्विकता का संतुलन ही तो राम है।

अब, जब सब इकट्ठे होते हैं, तो भरत फिर प्रस्ताव रखते हैं कि पिताजी ने अयोध्या का राज मुझे दिया है और मैं अपनी इच्छा से यह आपको सौंप रहा हूं। तब मैंने फिर समझाते हुए कहा- भरत, अब हम कोई ऐसा काम न करें कि पिताजी की सत्यनिष्ठा पर कलंक लग जाए। उनकी आज्ञा का नीतिवत पालन मैं करूंगा, विधिवत तुम करना।

जाओ, धैर्य के साथ अयोध्या पहुंचो और राज-काज संभालो।

अयोध्या नगरी को एक दिन यह भी देखना था कि जनकपुर के गुप्तचर अयोध्या पहुंचे, क्योंकि राजा जनक को लगा पहले जान तो लें, हो क्या रहा है। यहां का दृश्य व भरत की करनी देखकर गुप्तचरों से जब जनकजी को सूचना मिली तो वे भी चित्रकूट आ गए।

दृश्य ऐसा बना कि अब अयोध्या, जनकपुरी, चित्रकूट सब वन में एक साथ थे और सबकी चर्चा का विषय यही था कि एक भाई राज देना चाहता है, दूसरा रखना नहीं चाहता। भाईचारे का यह दृश्य इतिहास को कई पृष्ठों पर अंकित करता रहेगा।

5. भरत को विदा

सारी अयोध्या देख और सुन रही थी। एक प्रस्ताव भरत रखते, एक मैं रखता। आखिर मेरे मुंह से आशा-निराशा, प्रेम, अपनापन, व्यावहारिकता, राजनीति के शब्द धाराप्रवाह निकलते रहे। मैंने पूरी मधुरता के साथ भाई भरत को आश्वस्त किया और भरत समझ गए भैया नहीं मानेंगे, अयोध्या नहीं चलेंगे।

फिर मैंने कहा- भरत, देश-खजाना, कुटुंब-परिवार इस सबकी जिम्मेदारी तो गुरुजी की चरणरज पर है। सीधी-सी बात है, गुरुकृपा से सब ठीक हो जाएगा। तुम तो गुरु वशिष्ठजी, माताओं और मंत्रियों की सलाह और मार्गदर्शन मानकर राजनियमों का पालन करना।

मुखिया मुख के समान होना चाहिए, जो खाने-पीने को तो अकेला हो, लेकिन विवेकपूर्ण ढंग से बाकी सब अंगों का भी पालन-पोषण करता रहे। और, अंत में भरत के आग्रह और प्रेमवश मैंने अपनी खड़ाऊ उनको दे दी। भरत ने उनको आदरपूर्वक शिरोधार्य किया और रुंधे गले व भीगी आंखों से सीता, लक्ष्मण और मुझे देखते रहे।

मेरे चरणों की खड़ाऊ प्रजा के प्राणों की रक्षा के लिए मानो दो पहरेदार बन गए। पादुकाओं के माध्यम से भरत कहते हैं, जब तक आप वनवास पर रहेंगे, अयोध्या पर ये

ही राज करेंगीं। और, यदि चौदह वर्ष पूर्ण होने के बाद भी नहीं लौटे तो फिर मेरा दाह संस्कार भी आप ही को करना पड़ेगा।

भाई भरत के इस संवेदनशील निवेदन पर मैं अभिभूत हो गया। फिर भरत के साथ पूरी अयोध्या विदा कर दी गई। चौथे दिन सब लोग अयोध्या पहुंच गए। अगले चार दिन तक तो जनकजी भी वहीं रहे। भरत ने सबको अपनी-अपनी जिम्मेदारी सौंपी और फिर शत्रुघ को लेकर गुरुजी के निवास पर गए। बोले- मैंने ब्राह्मणों से मुहूर्त निकलवाकर भैया राम की चरण पादुकाओं को सिंहासन पर विराजित कर दिया है। अब आशीर्वाद दीजिए कि मैं धर्मसम्मत जीवन जी सकूं।

गुरुजी से आशीर्वाद लिया, पादुकाओं से आज्ञा ली और भरत अपनी पर्णकुटी में चले गए। सिर पर जटा, शरीर पर मुनियों के वस्त्र, धरती पर कुश का आसन बिछाया और हर प्रकार से ऋषियों के कठिन व्रत का आचरण करते हुए समय बिताने लगे।

जिस अयोध्या के राज्य को देखकर इंद्र देखते ही रह जाते थे, दशरथजी की जिस संपत्ति को देखकर कुबेर को भी लज्जा आती थी, उस अयोध्या में आज भरत अनासक्त होकर रह रहे थे। शरीर दिनों-दिन कमजोर होता जा रहा था। इस अयोध्या नगरी ने अपने राजकुमार का ऐसा तप भी देखा।

इतने संयम के बाद भी भरत राज-काज चलाते थे और विशिष्ट शैली यह थी कि प्रतिदिन मेरी पादुकाओं का पूजन करते, फिर उन्हीं से आज्ञा लेकर सारे काम निपटाते।

अयोध्या को हम कैसे भुलाएं? धीरे-धीरे आगे बढ़ते जा रहे थे और एकदिन इंद्र के बेटे जयंत का प्रकरण आया,

जिसने काकरूप में सीता के पैर में चोंच मारी और मैंने उसे दंड दिया।

फिर अत्रि मुनि से भेंट होती है, हम राक्षसों का वध करते हैं। अगस्त्यजी मिले, पंचवटी आए, शूर्पणखा के नाक-कान काटे, खर-दूषण का वध किया।

सीता का अपहरण हो गया, शबरी से मिले, जीवन में हनुमान का प्रवेश हुआ। फिर बालि और सुग्रीव का प्रसंग भी देखा। उसे भी निपटाया।

मैंने बालि का वध किया, सुग्रीव को किष्किंधा का राजा बनाया, सीता की खोज में वानर भेजे, हनुमान का पराक्रम सामने आया। हनुमान के पराक्रम को सुनकर जितना आनंदित मैं हुआ, उतना ही अनुज लक्ष्मण भी हुए। हमने सेतु निर्माण किया, रामेश्वरम की स्थापना की और फिर समय आ गया रावण से युद्ध का।

यह सब हुआ, देखा, लेकिन मैं भी कभी अयोध्या को भूल नहीं पाया। हमारी स्मृतियों में नए-नए दृश्य, नए-नए स्थान उतरते गए और इस पूरी जीवनशैली में, इस पूरे कालखंड में एक बार अयोध्या फिर हमारे जीवन में उतरी।

6. हनुमान अयोध्या में

युद्ध का दूसरा दिन था। लंका के रणांगन में एक तरफ राक्षस, दूसरी ओर वानर। दूसरे दिन लक्ष्मण मेघनाद के सामने था। बस, मेघनाद के प्राणमात्र शेष रह गए थे। लक्ष्मण को लगा अब यह समाप्त हो जाएगा, तभी मेघनाद ने वीरघातिनी शक्ति चलाई जो सीधे आकर लखन की छाती पर लगी और वे मूर्छित हो गए।

मेघनाद और उसके राक्षस लक्ष्मण को उठा नहीं पाए। हनुमान उन्हें लेकर मेरे पास आए। भाई की ऐसी दशा देख मैं द्रवित हो चुका था। वैद्य सुषैण ने कहा सूर्योदय के पहले औषधि आना चाहिए। संजीवनी लेने हनुमान चले। यह काम वे ही कर भी सकते थे।

जाते समय तो हनुमान सीधे पहुंच गए। कालनेमि ने बाधा भी पहुंचाई, पर वे तो हनुमान थे। हर बाधा उनके सामने समाप्त हो जाती है। बाधाओं का निराकरण तो कोई हनुमान से सीखे।

औषधि लेकर जब हनुमान लौट रहे थे, तो अयोध्या के ऊपर से निकले और यहीं एक बार फिर हमारे जीवन में अयोध्या आ गई। चूंकि हनुमान के हाथ में पूरा पहाड़ था, तो भरत ने देखकर सोचा आकाश में इतना विशाल रूप किसका है। कहीं कोई राक्षस तो नहीं? बस, कान तक

धनुष को खींचा और बिना फल का एक बाण मारा। बाण लगते ही हनुमान राम... राम... रघुपति... का उच्चारण करते हुए मूर्छित होकर पृथ्वी पर आ गिरे।

जैसे ही भारत ने अपना प्रिय शब्द 'रामनाम' सुना, दौड़ पड़े। हनुमान के पास आए और उनको व्याकुल देखकर दुखी हो गए। बहुत प्रकार से मूर्छा तोड़ने का प्रयास किया, पर वे नहीं जागे। भरत के नेत्रों में आंसू आ गए और सोच में पड़ गए यह क्या हुआ? किसी रामभक्त को मुझसे कष्ट पहुंच गया। तब उन्होंने आंखें बंद कर मुझे याद करते हुए कहा- भगवन्, यदि मुझ पर सचमुच कृपा करते हों तो यह वानर इस पीड़ा से, इस थकान से मुक्त हो जाए।

उसी समय हनुमान कौशलपति श्रीराम की जय हो... जय हो... कहते हुए उठ बैठे। तब दोनों की बातचीत हुई, हनुमानजी ने संक्षेप में सारी कथा सुनाई। स्थिति को समझते हुए भरत ने कहा- हनुमान, आपको जाने में देर हो जाएगी। सुबह तक सारा काम बिगड़ जाएगा। इसलिए पर्वत सहित मेरे बाण पर चढ़ जाओ और मैं तुम्हें भैया श्रीराम के पास पहुंचा दूंगा।

भरत की बात सुनकर एक क्षण के लिए तो हनुमान के मन में अभिमान उत्पन्न हो गया कि मेरे बोझ से यह बाण चलेगा कैसे? फिर कुछ संभले और हाथ जोड़कर बोले मैं आपका प्रताप हृदय में रखूंगा और चला जाऊंगा। शायद हनुमान का अयोध्या के ऊपर से निकलना इसीलिए हुआ कि वे भाई भरत के शील से और भरत उनके पराक्रम से परिचित हो सकें।

जब हनुमान लौट रहे थे तो उनके मन में भरत का बाहुबल, शील, सुंदर स्वभाव, गुण और मेरे प्रति प्रेम का चिंतन चल रहा था। मेरा भी काम हो गया कि हनुमान ने अयोध्या घूम ली, भरत से मिल लिए। यही तो अयोध्या की विशेषता है।

7. रावण वध

फिर, देवपक्ष में और जगतहित में एक बड़ा काम यह भी हो गया कि रणांगण में लंकाधिपति विश्वविजेता राक्षसराज रावण मेरे हाथों मारा गया। इस दृश्य के बाद तो सारा संसार हमारे रघुवंश की स्तुति कर रहा था। प्रेम से पुलकित होकर ब्रह्माजी ने भी स्तुति की और उसी समय पिता दशरथजी वहां आए। लक्ष्मण के साथ मुझे देखकर उनके नेत्रों में आंसू आ गए। हम दोनों भाइयों ने उनकी भी वंदना की। पिताजी के आते ही एक बार फिर ऐसा लगा, जैसे अयोध्या हमारे जीवन में उतर आई।

जब पिताजी ने हमें आशीर्वाद दिया तब मैंने कहा यह सब आपके पुण्यों का प्रभाव है, जो मैंने अजय राक्षसराज को जीत लिया। फिर इंद्र ने स्तुति की। मेरे विनय पर उन्होंने युद्ध में मृत वानर-भालुओं को जीवित कर दिया।

फिर शिवजी पधारे। उन्होंने भी गदगद वाणी से स्तुति की और जाते-जाते हमें फिर याद दिला गए हमारी नगरी की। उन्होंने कहा, जब अयोध्यापुरी में आपका राजतिलक होगा तो मैं आपकी उदार लीला वहां देखने आऊंगा।

विभीषण ने आकर विनती की- महाराज, आप इस दास का घर पवित्र कीजिए। लंका में प्रवेश करिए। तब मैंने कहा- विभीषण, तुम्हारा खजाना और घर सब मेरा ही है,

परंतु भरत की दशा याद करके मुझे एक-एक पल एक-एक युग समान लग रहा है। वह निरंतर मेरा नाम जप रहा है, मुझे याद कर रहा है। अब तो तुम ऐसा उपाय करो कि मैं जल्दी से जल्दी अयोध्या पहुंचकर उसे देख सकूं।

विभीषण ने पुष्पक विमान उपलब्ध करवाया दिया और फिर हमने अपने कुछ सखाओं को विदा किया, कुछ को अपने साथ बैठा लिया और विमान उत्तर दिशा यानी अयोध्या की ओर चल दिया।

उस विमान में एक बड़ा सिंहासन था, जिस पर सीता के साथ मैं बैठा था। मैंने ऊपर से कहा- सीते, यह रणभूमि देखो। यहां लक्ष्मण ने मेघनााद को मारा था। हनुमान और अंगद के मारे हुए भारी-भारी राक्षसों के अवशेष यहां अब भी पड़े हुए हैं। यहीं रावण, उसका भाई कुंभकर्ण और अन्य बड़े-बड़े राक्षस भी हमारे हाथों मारे गए।

सेतु को दिखाते हुए मैं बोला- यह भी वानरों की सहायता से हम ही ने बांधा था। फिर रामेश्वरम् के दर्शन करवाए और सीता के अपहरण के बाद हम लोग जहां-जहां भटके, विश्राम किया वे सारे स्थान, अगस्त्यजी का आश्रम, चित्रकूट आदि दिखाते हुए आगे बढ़ते जा रहे थे।

फिर जैसे ही अयोध्या नगरी दिखी, मैंने कहा- तीनों प्रकार के तापों का, भवरूपी रोगों का नाश करने वाली हमारी इस अवधपुरी को सब मिलकर प्रणाम करते हैं। अपनी नगरी को देख मेरे नेत्र सजल हो उठे। हमारी अयोध्या है ही ऐसी।

फिर, मैंने अंगद, विभीषण, सुग्रीव तथा साथ चल रहे अन्य साथियों से कहा- सब ध्यान से सुनो, यह नगरी

बड़ी पवित्र और सुंदर है। सबने वैकुंठ की बहुत बढ़ाई की है। वेद-पुराणों में स्वर्ग की खूब प्रशंसा हुई है, लेकिन वे सब भी मुझे इस अवधपुरी के समान प्रिय नहीं है। यही सुहावनी-मनमोहिनी नगरी मेरी जन्मभूमि है।

इसकी उत्तर दिशा में जीवों को पवित्र करने वाली सरयू नदी बहती है, जिसमें स्नान करने से मनुष्य के पापों का नाश होता है और बिना ही परिश्रम मेरा धाम पा जाते हैं। यहां के वासी तो मुझे अत्यधिक प्रिय हैं। यह अवधपुरी सुख की राशि और मेरे परमधाम को देने वाली है।

सब लोग ध्यान से सुन रहे थे और सोच रहे थे, जिस अवध की श्रीरामजी ने स्वयं बढ़ाई की हो, वह नगरी धन्य है, धन्य है।

इसके आगे की कहानी मैं क्या सुनाऊं। अब इससे आगे की अवध की कहानी तो आपको सीता के मुंह से सुनना है।

अयोध्या
(वनवास के बाद)

सीताजी बता रहीं...

1. अवध प्रवेश

हम लोग पुष्पक विमान में बैठे हुए थे। राघव बड़े उत्साह से सब दिखा रहे थे। देखो सीते, यहां यह घटना घटी थी, यह वह स्थान है और मैं देख रही थी। कभी उन स्थानों को और कभी दृश्य दिखा रहे श्रीराम को।

श्रीराम की ऊंचाई तो आकाश से भी अधिक है, इसमें कोई संदेह नहीं। पर राम की गहराई कौन नाप सकता है? मैं देख रही थी मेरे राम बिलकुल सागर की तरह हैं। सागर बाहर से कितना ही विक्षुब्ध, विचलित और कभी-कभी अति संवेदनशील दिखे, लेकिन भीतर से अविचल, अविकल होता है।

राम ऐसे ही हैं। सौजन्यपूर्ण। हर काम विधान के अनुसार करना, किसी और को कष्ट न हो जाए, इस बात का पूरा ध्यान रखना। ऐसे अनूठे राम मुझे लेकर अयोध्या के निकट पहुंचते जा रहे थे।

जिसने सारे विश्व को जीता, उस रावण को मृत्युदंड देने वाले तपस्वी राम अपनी अयोध्या को देखकर बालसुलभ हो रहे थे।

रावण विजय के बाद जब पिता दशरथजी भी कृपा करने आए तो रामजी ने क्या मांगा? उन्होंने कहा- पिताजी एक वरदान दे दीजिए। जब वनवास की घटना घट रही थी

तो आप आवेश में, आक्रोश में और अत्यधिक क्रोध में मां कैकयी को यह कह चुके थे कि अब तुझसे और तेरे पुत्र भरत से मेरा कोई संबंध नहीं रहेगा। ऐसा कहकर आपने उन्हें त्याग दिया था। मेरा निवेदन है आप इस परित्याग को परिवर्तित कर दें। उन्हें स्वीकार कर लें। ऐसा तो मेरे राम ही मांग सकते हैं।

जिस दिव्य देह में दशरथजी प्रकट हुए थे, उन्होंने भी रामजी को देखकर एक ही बात कही थी- राम, तुम सचमुच राम हो। ऐसा तुम ही कर सकते हो। तुम क्षमा का सागर हो। तथास्तु राम, ऐसा ही होगा। ऐसे मेरे राम आज अयोध्या में प्रवेश कर रहे हैं।

जब हम लोगों ने त्रिवेणी में स्नान किया, तब रामजी ने हनुमान को बुलाया और कहा- तुम ब्रह्मचारी का रूप धरकर शीघ्र अवधपुरी जाओ। वहां के राजभवन में सबकी कुशलता पता करना। भरत तपस्यारत है। उनको मैं आ रहा हूं, इस बात की सूचना देना, लेकिन ध्यान रहे कि सारी बातें संक्षेप में करना और मैं आ रहा हूं, यह जानने पर भरत की क्या प्रतिक्रिया है उसका मूल्यांकन, विश्लेषण और आंकलन ठीक से करना। फिर यदि कुछ आवश्यक लगे तो लौटकर मुझे बताना।

श्रीराम अयोध्या का यह महत्त्वपूर्ण कार्य हनुमान से ही तो करा सकते थे। हनुमान का जाना और लौटना यह पूरी एक मनोवैज्ञानिक घटना है। मैं देख रही थी, वे तो मेरे श्रीराम के स्थायी संदेशवाहक हैं। उन्हें बहुत अधिक समझना भी नहीं पड़ता। फिर राम यदि कोई काम करने का कह दे, वे पहले तो आनंद के सागर में छलांग लगाते हैं, उसके बाद आकाश में उड़ते हैं। रामकाम जो है।

हनुमान ने प्रणाम किया और चल पड़े। उनको अयोध्या जाने के लिए किसी विमान की आवश्यकता तो थी नहीं, क्योंकि मैं जानती हूं हनुमान स्वयं ही विमान हैं। इधर हम लोग भारद्वाज मुनि के आश्रम में गए, निषादराज गुह से मिले गंगाजी की पूजा की।

अयोध्या से लगभग एक कोस (तीन किमी) दूर नंदीग्राम था। देवर भरत तपस्वी जीवन जी रहे थे। वहां कुछ और आश्रमवासी भी थे। हनुमान ब्राह्मण का रूप धरकर पहुंचे और भरतजी को देखा तो मंत्रमुग्ध हो गए। रामजी के विरह समुद्र में भरत का मन डूब रहा था और डूबने से बचाने के लिए, जैसे कोई नाव आ गई। ऐसे हनुमान आए।

हनुमानजी ने दुर्लभ शरीर भरतजी को जटाओं का मुकुट बनाए राम... राम... जपते कमल समान नेत्रों से आंसू बहाते कुश के आसन पर बैठा देखा। इससे पहले उस रात जब पवनपुत्र औषधि लेकर आ रहे थे, तो उनके मन-मस्तिष्क में मूर्छित लक्ष्मण, विकल प्रभु श्रीराम की छवि थी। भरतजी से भेंट भी हुई थी, पर उस समय दोनों की मानसिक स्थिति ठीक थी नहीं। लेकिन आज भरतजी को देखकर हनुमान द्रवित थे।

पवनपुत्र का शरीर पुलकित हो गया। नेत्रों में जल उतर आया। मन में बहुत प्रकार से सुख मानकर कानों के लिए अमृत समान वाणी बोलते हुए कहा- भरतजी, जिनके विरह में आप दिन-रात आंसू बहाकर समय बीता रहे हैं, जिन्हें आप निरंतर भजते हैं, वे ही रघुकुल तिलक श्रीराम अपना वनवास पूरा कर सकुशल लौट आए हैं। शत्रु को रण में जीतकर सीताजी और लक्ष्मणजी सहित प्रभु अयोध्या आ रहे हैं। देवता उनका यश गा रहे हैं।

ये मधुर वचन सुनते ही भरत अपने सारे दुख भूल गए। जैसे किसी प्यासे को जल नहीं, अमृत मिल गया हो। मैं तो कल्पना ही कर सकती हूं इन दो भक्तों के आमने-सामने होने की। भरत तुरंत पूछते हैं- कौन हैं आप, कहां से आए हैं? मुझे इतना प्रिय समाचार सुनने वाले कृपया अपना परिचय तो दीजिए।

हनुमान बड़े अनूठे अंदाज में अपना परिचय देते हैं- मैं पवन का पुत्र हूं, जाति का वानर हूं, मेरा नाम हनुमान है। मैं दीनों के नाथ रघुनाथजी का दास हूं।

हनुमान! सुनते ही भरत को भी वह रात याद आ गई। दोनों एक-दूसरे से पहले मिल चुके थे, एक-दूसरे को जान चुके थे, पर आज की घड़ी, आज का दृश्य कुछ और था। दोनों गले मिलते हैं, दोनों की आंखों से आंसुओं की धारा फूट पड़ती है।

भरत कहते हैं- हनुमान! आपके दर्शन से मेरे सारे दुख समाप्त हो गए। तुम्हारे रूप में मुझे लग रहा है, जैसे मेरे प्यारे रामजी ही मिल गए हैं। अब बताओ, यह जो शुभ समाचार तुमने सुनाया है, इसके बदले में तुम्हें क्या दूं। इस संदेश के समान आज मेरे लिए कुछ भी नहीं है। मैं तुम्हारा ऋणी हो गया। और भी जो-जो कुछ आप जानते हो, कृपया सुनाइए।

हनुमान ने संक्षेप में सारी कथा कही। जब भरत ने पूछा कि क्या श्रीराम मुझे कभी याद करते थे? हनुमानजी ने बताया- हां, आप तो प्रभु को प्राणों से भी प्यारे हैं। अब मुझे आज्ञा दीजिए, सरकार मेरी प्रतीक्षा कर रहे हैं। भरत को प्रणाम किया और हनुमान चल दिए हमारी ओर।

इधर भरत प्रवेश कर गए अयोध्या में। राजमहल के गलियारे लगभग गूंज उठे। भरत कह रहे थे एक वानर मेरे

स्वामी का संकीर्तन सुनाकर गया है। मैं यह सूचना सबको दे रहा हूं। हमारे राघवेंद्र सरकार के स्वागत के लिए इस नगरी को कीर्तिमति बना दिया जाए। संसारभर का सौंदर्य इसमें उतार दिया जाए। फिर सबसे पहले गुरुदेव के पास जाकर सारी बात बताते हैं।

देखते ही देखते सूचना पूरी अयोध्या में फैल गई और सुनते ही सब माताएं खुशी के आंसू बहाते हुए दौड़ पड़ीं। स्वागत की तैयारियां शुरू हो गईं, स्त्रियां मंगल गीत गाती हुईं चल पड़ीं। तीनों प्रकार की सुंदर वायु बहने लगीं, सरयूजी अति निर्मल हो गई और सब श्रीराम की अगवानी के लिए घरों से निकल पड़े।

अयोध्या का उत्साह हमें विमान में से दिख रहा था। प्रभु राम ने आदेश दिया विमान को चलो, अवध की धरती को स्पर्श करो। मैंने देखा, बहुत कम लोगों की दृष्टि गई कि जैसे ही राघव अयोध्या की धरती पर उतरते हैं, तुरंत हाथों का स्पर्श किया और रज को मस्तक पर लगा लिया। यह श्रीराम का अयोध्या प्रेम है। मुझे बार-बार लगता है अयोध्या है ही ऐसी।

इसके पहले कि कोई कुछ समझ पाता, राघव अयोध्या मां को नमन कर चुके थे। उन्होंने मेरी ओर देखा। शायद यही देखने के लिए कि मैं देख रही हूं या नहीं। उन्हें विश्वास हो चुका था कि मैंने देख लिया।

फिर, अयोध्या की धरती पर उनके पैर दौड़े और अपने छोटे भाई लखन का हाथ पकड़कर सीधे गुरु वशिष्ठजी के चरणों में झुक गए। मैं यह भी जानती थी कि ये सबसे पहला प्रणाम गुरु को ही अर्पित करेंगे। अभी तो गुरु देख ही रहे थे। उनकी आंतरिक प्रसन्नता आंसुओं में व्यक्त हो रही थी,

और पूछा- राम कैसे हो? राघव का उत्तर था आप ही की दया में हमारी कुशल है।

सचमुच क्या मान दिया था, इन्होंने गुरु को। मैं अपने राघव पर इसीलिए गर्व करती हूं कि इनका एक-एक शब्द नपा-तुला और भाव से भरा होता है।

फिर राम वहां उपथित ब्राह्मणों से मिलते हैं। उसके बाद वह घड़ी आई कि भरत इनके चरणों में गिर गए। श्रीराम ने उनको उठाकर हृदय से लगाया। दोनों के रोम-रोम पुलकित थे और आंखें आंसू बहा रही थीं।

जो भी यह दृश्य देख रहा था, उसके नेत्र भर आए थे। मैं भी उन्हीं में से थी। ऐसा लगा, जैसे आंसुओं की बाढ़ आ गई। धन्य है अयोध्या धन्य है, जिसकी धरा पर यह दृश्य देखने को मिल रहा है।

उसके बाद राम शत्रुघ्न से मिले। लखन भी सबसे मिले। भरत-शत्रुघ्न ने मुझे प्रणाम किया। मैं तो कुछ बोल ही नहीं पाई।

ये भी राम ही जानें कि कब सदाचारी राम चमत्कारी बन जाते हैं। यहां भी एक चमत्कार हो गया। असंय रूप में श्रीराम प्रकट हो गए और सबसे एक साथ मिल लिए। हर एक को लगा राम मेरे हैं, मुझसे मिल रहे हैं। इस माया का रहस्य तो वे ही जानें। मैं तो खड़ी देखती ही रह गई।

इस बीच राम सदैव की तरह मुझे देखते भी जाते और मन ही मन कह रहे थे- सीता, चकित मत होना। जीवन में कुछ दृश्य सिर्फ देखने के लिए ही होते हैं। उन पर कुछ विचार मत करना। जितने अवधवासी, उतने राम। जितने भक्त, उतने भगवान। क्या लीला है।

कौशल्या मां को तो मानो सारा संसार मिल गया, जब राम उनको प्रणाम करते हैं और वे राम को आलिंगन करती हैं। फिर आगे बढ़े, मां सुमित्रा से मिले। श्रीराम से मिलते हुए कैकयी मां सकुचा रही थीं। उनका संकोच दूर कर उनसे भी मिले, प्रणाम किया।

लेकिन, मैंने देखा कि लखन जब कैकयी मां से मिल रहे थे तो कुछ असहज थे। हम सभी जानते हैं, भैया लक्ष्मण के स्वभाव को। वे संभवतः किसी को अपराध करने पर क्षमा नहीं करते, लेकिन फिर भी आज उन्होंने मर्यादा निभाई।

सब-एक-दूसरे से मिले। अपनी तीनों सासुमां को प्रणाम कर मैं भी धन्य हो गई। उन्होंने सदैव की तरह एक आशीर्वाद दिया- तुम्हारा सुहाग अखंड हो। समूची अयोध्या की प्रसन्नता की कोई सीमा नहीं थी। चारों ओर आंसुओं से भीगे मंगल गीत गाए जा रहे थे।

इस सबमें श्रीराम पीछे मुड़कर यह देखना नहीं भूलते कि मैंने पुष्पक विमान को आदेश दियाा था कि तुम अपने मालिक कुबेर के पास चले जाओ। फिर, वह गया भी या नहीं। आज तो पुष्पक भी दुखी हो गया था। उसे राम से विमुख जो होना था। वह जा चुका था।

राम का मानना था, पुष्पक न तो लंका का है, और न ही लंकेश्वर विभीषण का। यह तो चोरी का माल था, जो दुनिया का सबसे बड़ा चोर रावण चुरा लाया था। अब चोर ही संसार में नहीं रहा तो न्यायोचित यही है कि विमान उसके वास्तविक स्वामी को मिल जाए। कभी-कभी तो मुझे लगता है कि रामराज का पहला निर्णय यही था कि पुष्पक अपने मालिक कुबेर के पास चला गया। राम ने अपने राज्य

में पहले आदेश का शुभारंभ कर दिया था। सबको अपना-अपना अधिकार मिलना चाहिए। लूट बहुत बड़ा पाप है।

फिर श्रीराम ने सुग्रीव, विभीषण, जामवंत, हनुमान, अंगद, नल-नील सबको सबसे मिलवाया। भरत ने जैसे ही हनुमान को देखा, मन ही मन घोषणा कर दी कि तुम तो हमारे पांचवें भाई हो। इसी बीच जब वानर वशिष्ठजी को प्रणाम करने लगे, तब एक घटना घटी और यहां श्रीराम ने जो आचरण किया, वह अनूठा बन गया।

2. रामसखा

सारे वानर राजभवन और व्यवस्था का वैभव देखकर चकित थे। उन्होंने जीवन में ऐसा दृश्य कभी देखा भी नहीं था। भगवान समझ गए और सबको अपने पास बुलाकर वशिष्ठजी की ओर संकेत करते हुए कहा- ये हमारे गुरुदेव हैं, इन्हें प्रणाम कीजिए। मैं देख रही थी कि किस सहजता से मेरे राम ने बंदरों को सिखाया कि बड़े-बूढ़ों का कैसे आदर कर आशीर्वाद लिया जाता है।

यह सच भी है कि समय रहते हमें अपने बच्चों को सिखाना ही पड़ेगा घर में, परिवार में बड़े-बुजुर्गों का महत्त्व क्या होता है। बड़ों को आदर देना, प्रणाम करना सिखाने और सीखने का ही विषय है।

जैसे ही वानरों ने गुरुदेव को प्रणाम किया, वशिष्ठजी थोड़े असहज हो गए। राम समझ गए गुरुदेव शिर्षस्थ व्यक्ति हैं और वानर व भालू समाज का सबसे निचला तबका। वशिष्ठजी को कुछ ठीक नहीं लग रहा था कि ये लोग मुझे प्रणाम करें, परंतु राम तो भेदभाव मिटाने के लिए ही धरती पर आए थे। उन्होंने तुरंत कहा- गुरुदेव, जो आपसे मिल रहे हैं, आपको प्रणाम करना चाह रहे हैं, ये सब मेरे सखा हैं। यह सुनकर गुरुदेव सहित मैं और बाकी लोग भी चौंक गए।

राम वानर-भालुओं को अपना सेवक नहीं, सखा बता रहे हैं। और, इसके बाद तो यहां तक कह दिया कि लंका

के संग्रामरूपी समुद्र में ये सब मेरे लिए जहाज के समान थे। मेरे हित के लिए इन्होंने अपना जीवन दांव पर लगा दिया था। इसलिए ये सब भी मुझे भाई भरत, लखन और शत्रुघ्न के समान ही प्रिय हैं।

तब वशिष्ठजी को भी समझ में आ गया कि यह मेरा शिष्य वही राम है, जिसे मैंने योग वशिष्ठ के माध्यम से जीवन का संतुलन सिखाया था। एक श्रेष्ठ शिष्य की यही विशेषता होती है कि वह ज्ञान को अपने भीतर समा लेता है, सहजकर रख लेता है और समय आने पर गुरु को भी याद दिला देता है। आज राम ने वही किया।

यह सारा दृश्य देखते हुए मैं सीता मन में सोच रही थी कि राम अवतार हैं ही इसीलिए। जिसे भी रामभक्ति करना हो, उसे हर प्रकार का भेदभाव मिटाना पड़ेगा। राम के लिए सब समान हैं।

फिर गुरुदेव ने प्रसन्न भाव से सबको गले लगाया, आशीर्वाद दिया। यह रामराज का दूसरा महत्त्वपूर्ण निर्णय था। पहले निर्णय में कुबेर को उनका अधिकार दिया और दूसरे में समाज को बताया भेद राम के आगे नहीं चलेगा।

चैत्र शुक्ल नवमीं का दिन आ गया। यह तिथि राम को उनके जन्म के लिए सदैव बधाई देती है। आज राजतिलक के लिए बधाई के साथ उपस्थित हो गई। राम को लेकर जो सपना कभी दशरथजी ने देखा था, आज वह पूरा होने जा रहा था।

भरत हाथ जोड़कर बड़े संयत शब्दों में कहते हैं, मेरी माता ने अपने पति राजा दशरथजी से मेरे लिए जो राज मांगा और आपने उनकी इच्छा का मान रखने के लिए मुझे

दे दिया था, यह राज आपका है और आज आप ही को सौंप रहा हूं।

हे भैया, अतीत में जो घटा, मैं उसका कोई आकलन नहीं कर सकता, लेकिन वर्तमान में पूरी तरह से आपको समर्पित हूं और हम सबके साथ अवध का भविष्य अब आपके हाथों में है।

गुरु वशिष्ठजी के मार्गदर्शन में व्यवस्थाएं जुटाई जाती हैं, राज्याभिषेक का अनुष्ठान आरंभ होता है। उस दिव्य सिंहासन पर श्रीराम को विराजित किया गया, जिसका तेज सूर्य के समान था। उसके सौंदर्य का वर्णन इस मुख से नहीं किया जा सकता। बैठने से पहले श्रीराम ने मुनियों-ब्राह्मणों के समुदाय को नमन किया। वशिष्ठ, वामदेव, जाबालि, काश्यप, कात्यायन, सुयज्ञ,गौतम और विजय नाम के आठ श्रेष्ठ मुनि, ब्राह्मण अभिषेक कर रहे थे। मैं भी उसमें सहभागी थी।

आकाश में नगाड़े बज रहे, गंधर्व-किन्नर मंगल गीत गा रहे और मंत्रोच्चार के बीच हमारा प्रथम तिलक गुरुदेव वशिष्ठ ने किया। माताओं ने आरती उतारी। कई प्रकार के दान दिए गए।

पूरी अवध नगरी तो बावली थी ही, देवताओं को भी परम आनंद प्राप्त हो रहा था। भरत, शत्रुघ, विभीषण, हनुमान, सुग्रीव, अंगद और बाकी वानर छत्र-चंवर-पंखा-धनुष-तलवार-ढाल लिए सुशोभित थे।

अभिषेक के पश्चात गुरु वशिष्ठजी द्वारा मुकुट धारण करवाया गया। यह मुकुट ब्रह्माजी द्वारा विशेष रूप से बनाया गया था और रघुकुल में प्राचीन परंपरा से प्रत्येक

राजा को पहनाया जाता है। राम बहुत प्रसन्न थे। उनका स्वभाव है कि अपने यहां आने वाले अतिथि को कभी खाली हाथ नहीं जाने देते।

वे हमेशा मुझसे कहते हैं- सीते, मेरे द्वार पर कोई आए, मुझसे मिले तो वह खाली हाथ नहीं जाना चाहिए। दोनों हाथ भर-भरकर राम भेंट-उपहार लुटाते हैं। आज भी किसी को अश्व दिए गए, किसी को गौ भेंट की। अशर्फियां और आभूषण तो जैसे उन्होंने बहा दिए। राजा सुग्रीव, युवराज अंगद, अन्य वानर सबको समानस्वरूप कुछ न कुछ मिला।

3. हनुमान विशेष हैं

जब हनुमान की बारी आई तो सब लोगों को लगा इनको तो प्रभु कुछ अलग और विशेष ही देंगे। लेकिन, मैं भी चौंक गई यह देखकर कि राघव ने हनुमान को कुछ नहीं दिया।

अपने गले से बड़ा सुंदर चमकीला मोतियों का हार निकाला। सबको लगा यही हनुमान को देंगे, लेकिन वह हार श्रीराम ने मुझे दे दिया। पता नहीं उन्होंने ऐसा क्यों किया। राम की लीला राम ही जानें। और मैंने वह हार पहन लिया।

मुझे संकोच हुआ तो मैंने तुरंत कुछ वस्त्र और आभूषण हनुमान को सौंप दिए। बाद में जो हार श्रीराम ने दिया था, उसे निकाला और राघव से पूछा इसका क्या करना है? कभी राम मुझे देखते और कभी हनुमान को।

तब श्रीराम ने मुझसे कहा- जिससे तुम संतुष्ट हो, उसी को दे दो। राम का यह जो आदेश था, इसके प्रत्येक शब्द में करोड़ों हार का सौंदर्य छुपा है। अब सारी सभा मुझे देख रही कि रामजी ने तो कह दिया कि जिससे संतुष्ट हो, उसे दे दो, अब देखते हैं सीताजी किससे संतुष्ट हैं?

मैंने एक बार आंखें बंद कीं तो मारुतिनंदन हनुमान में मुझे कुछ लक्षण दिखने लगे- तेजस्विता, धृति, यश, विनय, पौरुष, दक्षता, सामर्थ्य, विक्रम और बुद्धि। ये लक्षण तो जैसे उनके रोम-रोम में उतरे हैं। मैं सोचने लगी कि

जिसके पास इन लक्षणों के मोतियों का हर हो, उसे यह हार क्या दें।

तभी मुझे लगा जो राघव के कंठ से मेरे कंठ तक आया हो, उस हार की यात्रा का अंतिम पड़ाव यही हनुमान का कंठ हो सकता है। बस, मैंने उन्हें पहना दिया। आज सबसे बड़ा सम्मान, सबसे बड़ा आभूषण, सबसे बड़ी भेंट इस सभा में हनुमान को प्राप्त हो गई।

हनुमान अपना मस्तक हम दोनों के चरणों पर रख चुके थे और उनके हृदय से ध्वनि सुनाई दे रही थी- आप की लीला आप ही जानें।

राजतिलक का समारोह पूर्णता की ओर था। सब लोग आनंद में थे। उस उत्सव को देखने के लिए कई दिव्य आत्माएं प्रत्यक्ष-अप्रत्यक्ष रूप से आई थीं। शिवजी ने भी बड़ी सुंदर स्तुति की। सब ब्रह्मानंद में मग्न थे और देखते ही देखते छह महीने बीत गए।

श्रीराम ने तीनों भाइयों को युवराज पद पर अभिषक्त करवा दिया और रामराज चलने लगा। एक दिन श्रीराम ने सभी वानरों को जिन्हें वे अपना सखा कहते थे, बुलाया और कहा मेरे हित के लिए तुम लोगों ने अपना घर त्यागा, अपने सुख छोड़े, और एक बड़ी बात यह कह दी कि मेरे छोटे भाई, राज्य, संपत्ति, जानकी, मेरा अपना शरीर, घर, कुटुंब, मित्र ये सभी मुझे प्रिय हैं, लेकिन तुम्हारे सामान कोई नहीं है। हे मित्रों, अब आप लोग अपने-अपने घर जाओ।

4. विदाई

राम से विदाई की बात सुनकर सारे वानर-भालू अपनी देह की सुध भूल गए। उनसे विदाई कोई नहीं चाहता था। लेकिन सबको अपने घर भेजना भी मेरा कर्तव्य था। आखिर वह घड़ी भी आ गई।

राजतिलक के बाद स-सम्मान विदाई का सिलसिला शुरू हो गया। श्रीराम ने भरत को आदेश दिया, अपने हाथों से वानरराज सुग्रीव का सम्मान कर विदा कीजिए। फिर लक्ष्मण को निर्देश दिया कि विभीषणजी का सम्मान किया जाए। उसके बाद श्रीराम ने जांबवंत, नल-नील सबको अपने हाथों से भेंट देकर विदा किया।

इसी क्रम में अंगद की बारी आई। वे उठे, आंखों में आंसू थे और कहने लगे- हे दीनबंधु प्रभु श्रीराम, मेरे पिता बालि ने अपनी मृत्यु के समय अंतिम क्षणों में मेरा हाथ आपको सौंप दिया था। तब ही से मेरे माता-पिता, गुरु सबकुछ आप ही हैं। अब मैं आपको छोड़कर कहां जाऊंगा? कृपा करके मुझे मत छोड़िए और यहीं अपनी सेवा में रख लीजिए।

अगले ही क्षण श्रीराम ने अंगद को हृदय से लगा लिया और समझाया- जीवन ऐसी ही यात्रा का नाम है। जीवनपथ पर कई चौराहे, कई मोड़ आते हैं और यहां अपने

निकट के लोगों से भी बिछड़ना पड़ता है। सबके अपने मार्ग, सबके अपने लक्ष्य हैं। तुम किष्किंधा जाओ, मैं और मेरा आशीर्वाद सदैव तुम्हारे साथ है।

इस प्रकार एक-एक कर सबको विदा कर दिया गया। तब हनुमान धीरे-से अपने राजा सुग्रीव के पास गए और कहते हैं यदि आपकी आज्ञा हो तो मैं दस दिन यहां प्रभु की सेवा कर लौट आऊंगा।

तब सुग्रीव ने कहा- पवनकुमार, तुम पुण्य का पुंज हो। तुम तो श्रीरामजी की सेवा के लिए ही बने हो। यहीं रहो और इनकी सेवा करो। यही तो हनुमान चाहते थे। न सिर्फ हनुमान, बल्कि स्वयं रामजी की भी ऐसी ही इच्छा थी। न हनुमान जाना चाहते थे, न राम भेजना चाहते थे। दोनों की इच्छा एक साथ पूरी हुई। और इस प्रकार धीरे-धीरे रामराज स्थापित होकर एक शुभ की ओर अग्रसर होने लगा।

मैं सीता साक्षी थी, इस रामराज की। चहुंओर सुख, शांति और मंगल था। किसी को किसी से बैर नहीं। भेदभाव तो मिट ही गया था। सब कोई अपने-अपने वर्ण और आश्रम के अनुकूल धर्म में तत्पर रहते हुए आचरण कर रहे थे और सुख पा रहे थे। न किसी बात का भय, न शोक, न रोग सताता था। जीवन की जिस गतिविधि में दृष्टि डालो, शुभ ही दिखता था। तीनों लोक हर्षित थे। फिर भी मुझे लगता है कि रामराज की चर्चा कुछ हिस्सों में बांटकर की जाए।

सभी स्त्री-पुरुष चतुर और गुणवान थे। कपट, धूर्तता किसी में नहीं थी। सब एक-दूसरे के प्रति समर्पित, निष्ठावान और प्रेमपूर्ण थे। दंड केवल संन्यासियों के हाथ में

दिखता था। भेद नाचने वालों के समाज में और जीतो शब्द केवल मन को जीतने के लिए सुनाई पड़ता था।

प्रकृति पूरी तरह से खिली हुई और प्रसन्न थी। पशु-पक्षियों को तो मानो ऐसा गौरव प्राप्त हो गया था कि हम मनुष्यों से भी श्रेष्ठ हैं। समुद्र अपनी मर्यादा में रहते थे। लहरों के माध्यम से किनारों पर रत्न डाल देते थे। चन्द्रमा अपनी किरणों से पृथ्वी को पूर्ण शीतल कर देते। सूर्यदेव उतना ही तपते जितनी आवश्यकता होती। मेघ मांगने से पहले ही जल देते।

राम अनुशासित जीवनशैली के प्रति बहुत समर्पित थे। मेरी एक बात को वे हमेशा ध्यान में रखते और कहते भी थे- सीते, महल में इतने दास-दासियां हैं, फिर भी तुम स्वयं काम करती हो। मैं उनसे कहती- आप ही से सीखा है।

मनुष्य को अपने निजी कार्य सेवक-सेविकाओं से नहीं करवाना चाहिए। अन्यथा आगे वाली पीढ़ी गलत संदेश लेती है। मेरी सासुमाताओं से मेरे बड़े मधुर संबंध थे। वे सब मुझे पुत्री की तरह मानती और रखती थीं। यही रामराज है।

परिवार में रिश्तों में भेद नहीं होना चाहिए। कोई भी रिश्ता बड़ा या छोटा नहीं होता। रिश्ता सिर्फ रिश्ता होता है, निभाने के लिए। मैंने देखा था, राम अपने भाइयों को न सिर्फ प्रेम करते, बल्कि समय-समय पर उनको नीतियां भी सिखाते थे।

5. दिव्य दिनचर्या

समय बीतता जा रहा था। रामराज का हमारा जीवन बहुत अच्छे से चल रहा। बड़ी प्रसन्नता, संकोच व अभिमान के साथ मैं यह कहना चाहूंगी कि हमारे जीवन में दो पुत्र उत्पन्न हुए- लव और कुश। मैं क्या कहूं, इनका उल्लेख तो वेद-पुराणों में भी है। मेरे ये दोनों पुत्र विनय, नम्र और गुणों के धाम रहे। अत्यंत सुंदर। बिलकुल इनका (मेरे राम का) प्रतिबिंब। फिर बाकी भाइयों के यहां भी दो-दो पुत्र हुए। सभी बहुत सुंदर, गुणवान और सुशील थे।

तो यह थी हमारे राघवेंद्र सरकार की नरलीला, जो मैंने साक्षी के रूप में देखी। इनकी दिनचर्या का तो क्या कहना। प्रातः ब्रह्म मुहूर्त में सरयू में स्नान करते, पूजन-पाठ के बाद ब्राह्मणों और सज्जनों के साथ सभा में बैठते। ऋषि-मुनियों से पुराणों की कथाएं सुनते, उन पर चर्चा करते और उसके बाद भोजन सदैव परिवार के सदस्यों के साथ करते। माताओं को नमन करके ही घर से बाहर निकलते। अपने भाइयों और हनुमान के साथ विचरण को अवश्य जाते।

नारद, सनकादि और भी ऐसे कई ऋषि-मुनि श्रीराम के दर्शन के लिए प्रतिदिन अयोध्या आते थे और इस नगर का वैभव देखकर अपने वैराग्य को भुला देते थे। यहां आकर तो मुनियों के मन भी नाच उठते थे। अयोध्या की उत्तर दिशा

में सरयूजी बहती थीं, जिनका जल अत्यंत निर्मल व गहरा था। उन्हीं के किनारे देवताओं के मंदिर थे।

इस अवध नगरी की शोभा तो न कही जा सकती है, न ही इसकी कोई उपमा दी जा सकती है। मैं देखती अयोध्या के नर-नारी सदैव श्रीराम का गुणगान किया करते थे। राम भी उन पर बहुत प्रसन्न रहते।

प्रकृति, संसार इन सबका अपना एक क्रम है। अच्छी-अच्छी नगरियां भी उजड़ीं और फिर से बसीं। मैं सोचती थी, अयोध्या का भविष्य क्या होगा? परंतु मुझे पूरा भरोसा है यदि इस नगरी को कभी किसी दुष्ट ने उजाड़ भी दिया तो कालांतर में ऐसे रामभक्त भी आएंगे, जो इसको फिर से संवार देंगे। इस सीता को अपने बच्चों से यही आशा है और रहेगी।

कभी-कभी तो मैं देखती हूं, सोचती हूं- राम कितने विनम्र हैं। एक बार तीनों भाइयों और हनुमान के साथ राघव एक सुंदर उपवन में विचरण करने गए। तभी वहां सनकादि ऋषि आ गए। बिलकुल ऐसे, जैसे चारों वेद ही बालक का रूप धरकर आए हों। भाइयों सहित राम ने उन्हें प्रणाम किया और बैठाने के लिए अपना ही पीतांबर आसन के रूप में बीछा दिया। उनसे सत्संग हुआ। उसके बाद सनकादि मुनि ब्रह्मलोक को चले गए।

अब तीनों भाइयों को भैया राम से कुछ पूछना था, लेकिन संकोच कर रहे थे और सब हनुमान की ओर देख रहे थे। हनुमान ने जिस तरह से राम को देखा तो उन्होंने पूछ ही लिया- क्या बात है हनुमान, कुछ बोलना चाहते हो? हाथ जोड़कर हनुमान बोले- प्रभु, भैया भरत आपसे कुछ पूछना चाहते हैं, परंतु इनके मन में संकोच हो रहा है।

श्रीराम कहते हैं- हनुमान, तुम तो जानते हो मुझमें और भरत में कोई भेद नहीं है। तब भरत ने प्रणाम करते हुए कहा आपकी आज्ञा हो तो मेरे मन में एक जिज्ञासा है। मैंने वेद-पुराणों में संतों की महिमा बहुत पढ़ी और सुनी है। मैं संतों के लक्षण आपके मुंह से सुनना चाहता हूं। आप कृपा के सागर हैं, गुण-ज्ञान में अत्यंत निपुण हैं। तो कृपया हमें समझाइए संतों के लक्षण क्या हैं। तब श्रीराम ने संतों के लक्षण बताए।

भरत ने पूछे तो संतों के लक्षण थे। श्रीराम ने विस्तार से बताए भी, साथ में असंतों के लक्षण भी बता दिए। सब भाई सत्संग सुन महल में लौट आए।

6. अंतिम संदेश

एक बार राम ने सबको सभा में एकत्र किया। मैं सभा के उस दृश्य को कभी भूल नहीं सकती। श्रीराम की वह सभा बड़ी विशिष्ट थी। कुछ लोग जान ही नहीं पाए कि राम आज इस सभा में क्या कहने वाले हैं। परंतु मुझे आभास हो रहा था, राम आज अपनी जीवनलीला का अंतिम संदेश देना चाहते हैं।

राम कहते हैं- नगरवासियों, मैं अपने हृदय में कुछ छुपाकर नहीं कहूंगा, कोई अनीति की बात नहीं कहूंगा और न ही अहंकार की। आप लोग सब प्रकार से संकोच व भय छोड़कर ध्यान से मेरी बात सुनिए और यदि अच्छी लगे तो उसके अनुसार आचरण कीजिए। अब धीरे-धीरे लोगों को समझ में आने लगा कि आज राम कुछ विशेष कहने और करने वाले हैं।

अपनी बात आरंभ करते हुए राम बोले- वो ही मेरा सेवक है, वो ही मेरा प्रियतम है, जो मेरी आज्ञा माने। यह मनुष्य का शरीर बड़े भाग्य से मिलता है। इसलिए इस शरीर से चौबीस घंटे में एक बार अपनी आत्मा को अवश्य स्पर्श करना।

पशु और मनुष्य में भेद ही यह है कि पशु के पास ऐसी कोई संभावना नहीं होती कि वह अपनी आत्मा को छू सके।

मनुष्य में यह संभावना सदैव रहती है। आत्मा का अगला कदम ही परमात्मा है। इसलिए मनुष्य जीते-जी यह जान ले कि वह आत्मा है और अभी इस शरीर में है। जो लोग मनुष्य शरीर पाकर भी विषयों में मन लगाते हैं, वे मूर्खता करते हैं।

आत्मा को स्पर्श कैसे किया जाए, इसके लिए राम यह भी कहते हैं कि भक्ति करो। भक्ति स्वतंत्र है और सब सुखों की खान है। भक्ति को सत्संग से पाया जा सकता है। इसके बाद एक खास बात रामजी घोषणा के रूप में कहते हैं कि शंकरजी के भजन बिना मनुष्य मेरी भक्ति नहीं पा सकता। यह मुझे पाने का बड़ा सरल मार्ग है और जो ऐसा करता है, मैं उसके वशीभूत हो जाता हूं।

सभा समाप्ति की ओर थी। सबने श्रीराम को नमन किया और उन्होंने कहा, जब मैं अपनी लीला समेटकर इस संसार से अपने धाम जाऊंगा, आप में से जो भी मेरे साथ चलना चाहे, चल सकता है। यही तो हमारे राम की सरलता है।

सब अपने-अपने घर गए, हम अपने महल लौटे और मैंने देखा गुरु वशिष्ठ वहां आए। गुरु का मान करते हुए राघव नीचे धरती पर बैठ गए और बोले- गुरुदेव कैसे पधारना हुआ, आज्ञा दीजिए। वशिष्ठजी खड़े हुए और हाथ जोड़कर बोले- राम, आज इस एकांत में अपना हृदय खोलकर कह रहा हूं। आप मेरे शिष्य राम नहीं हैं। हे भगवन, आपकी महिमा की कोई सीमा नहीं है। उसे तो वेद भी नहीं जानते, फिर मैं कैसे जानूं।

मैं जो पुरोहिती का कर्म कर रहा हूं, यह तो बहुत नीचा पेशा है। वेद-पुराण और श्रुति सभी इसकी निंदा करते हैं। सूर्यवंश की पुरोहिती का कर्म मैं नहीं करना चाहता

था, लेकिन मुझे ब्रह्माजी ने आज्ञा दी और कहा- पुत्र वशिष्ठ, तुमको इस कर्म का बहुत लाभ मिलेगा, क्योंकि स्वयं परमात्मा मनुष्य का रूप धारण कर रघुवंश में आएंगे। बस, मैंने उनकी इस आज्ञा का पालन करते हुए यह कर्म स्वीकार किया था।

मैंने सोचा बड़े-बड़े ऋषि-मुनि जिस परमात्मा को योग, यज्ञ, व्रत और दान से पाने का प्रयास करते हैं, वे मुझे इस पुरोहिती कर्म से मिल जाएंगे। मेरे लिए यही बड़ा धर्म हो गया। मैंने आपके चरणों में भक्ति की है। मैल से धोने से क्या मैल छूटता है? उसी प्रकार हे रघुनाथ, प्रेम और भक्तिरूपी निर्मल जल के बिना अंतःकरण का मैल, गंदगी कभी नहीं जाती।

आज एकांत में आपके लीला समेटने से पहले रामकथा के इस अंतिम चरण में यह वशिष्ठ आपसे एक वर मांगने आया है। कृपा करके दे दीजिए। आपके चरणों में मेरा प्रेम, मेरी प्रीति जन्म-जन्मांतर बनी रहे। बस, अब मुझे आज्ञा दीजिए। गुरु की सुहृद बात सुन राम मुस्कुरा दिए थे।

आज ईश्वर को भी सोचने में आता है, मेरे भक्त बड़े निराले हैं। कैसे-कैसे अंतरंग संबंध मेरे साथ निभाते हैं। ये हैं, तो मैं हूं। भक्त हैं, तो भगवान है।

7. पूर्णाहुति

एक दिन श्रीराम अपने भाइयों को लेकर नगर से बाहर गए। जिसने जो चाहा, उसे दिया। आम के एक बगीचे में पहुंचे। भरतजी ने अपना वस्त्र बिछा दिया, उस पर बैठ गए। पवनपुत्र हनुमान पंखा करने लगे। उनके नेत्रों से आंसू बह रहे थे। सचमुच हनुमान बड़े भाग्यशाली हैं। सबसे बड़ा सौभाग्य तो हनुमान का यह है कि उनकी प्रशंसा श्रीराम ने स्वयं अपने मुख से एक नहीं, अनेक बार की है।

अभी यह दृश्य चल ही रहा था, जिसे मैं रामदरबार कहती हूं, और मुनि नारदजी का प्रवेश हो गया। वे राघवेंद्र सरकार का कीर्तिगान करने लगे। मुनि कहते हैं- आप करुणा करने वाले और झूठे मद का नाश करने वाले सब प्रकार से निपुण, अयोध्याजी के भूषण ही हैं। आपका नाम कलियुग के पापों को मथ डालने वाला है। शरणागत की सदैव रक्षा करिए। ऐसा कहकर नारद चले गए।

आने वाले समय में, आने वाले युगों में और खासकर कलियुग में जब भी भक्त रामकथा की चर्चा करेंगे, अपने-अपने हिसाब, अपने-अपने भाव से दृश्यों का समापन करेंगे। तुलसी की रामकथा यहीं पूरी हो जाएगी।

कलियुग में गोस्वामी तुलसीदास एक ऐसी रामकथा लिखेंगे, जिसके अंत को वे सुखांत बना देंगे। महर्षि

वाल्मीकि की रामकथा विद्वानों के चिंतन का विषय रहेगी। मुझे यानी सीता को राम ने वनवास दिया। ऐसा निर्णय उन्होंने क्यों लिया, यह प्रश्न विद्वानों, पंडितों के लिए सदैव शोध, चिंतन और चिंता का विषय रहेगा। लेकिन, जो तुलसी की तरह भक्त होंगे, वे रामकथा के सुखांत के साथ ही उसमें डूब जाएंगे।

मुझ सीता को भी अयोध्या नगरी से विदा लेना है। सबके जीवन में अप्रिय, विपरीत, संघर्ष और पीड़ा आती ही है। मेरे जीवन में भी आई, लेकिन पीड़ा भोगकर सुख देना, विष पीकर अमृत प्रदान करना हमारे रघुवंश की रीत है।

जिससे जो भी अच्छा मिले, उसे स्वीकार करना चाहिए। मैंने संपूर्ण रामचरित को अपने हृदय में समेटा और धरती मां ने मुझे अपने में समा लिया।

अयोध्या के पास सदैव शुभ था, है और रहेगा। जब भी कोई अयोध्या आए, मैं तो कहूंगी यहां से शुभ, प्रेम और भक्ति लेकर जाए। यहां का कण-कण दिव्य है। ऐसी अयोध्या को मैं नमन करती हूं, प्रणाम करती हूं और इससे विदा लेती हूं।